# ÉLÉMENTS

DE LA

## GRAMMAIRE FRANÇAISE,

PAR LHOMOND,

REVUS, CORRIGÉS, AUGMENTÉS ET MIS DANS UN MEILLEUR ORDRE,

D'après le nouveau Dictionnaire de l'Académie (édition de 1835).

### Par M. SARDOU,

Maître de Pension, Membre d'un Comité d'Instruction primaire.

## A PARIS,

CHEZ BASTIEN AÎNÉ, LIBRAIRE, RUE SAINT-ANDRÉ-DES-ARTS, N° 60.

### 1836.

ÉPERNAY, IMPRIM. DE WARIN-THIERRY ET FILS.

# AVERTISSEMENT
## DE L'ÉDITEUR.

La Grammaire de Lhomond est restée fort en arrière des progrès que la science a faits. Les définitions qu'elle donne sont courtes, il est vrai, mais elles ne sont pas toujours exactes, défaut que rien ne saurait racheter; la plupart des termes de grammaire employés par l'auteur ont vieilli; enfin la classification grammaticale a subi plusieurs modifications importantes.

Il y aurait donc aujourd'hui plus d'un inconvénient à mettre dans les mains des enfants la Grammaire de Lhomond telle qu'elle est sortie de la plume de l'auteur : vous enseigneriez à votre élève des principes de grammaire bien différents de ceux que les grammairiens de nos jours admettent, et que l'Académie a définitivement fixés, dans son nouveau dictionnaire (1).

---

(1) Edition de 1835, chez Firmin Didot frères. L'Académie a remplacé *o* par *a* dans les imparfaits et dans les conditionnels, *j'aimais*, *je finirais*; dans *français*, *anglais*, *faible*, *paraître*, etc. Elle a adopté les expressions *passé*, *futur antérieur*, pour *prétérit*, *futur passé*. Elle a décidé que les mots en *ant* et en *ent* tels que *puissant*, *élément*, gardent le *t* au pluriel. Les adjectifs *possessifs*, les adjectifs *démonstratifs* ne sont plus classés parmi les pronoms, etc., etc.

Mise à la hauteur des nouvelles théories, au moyen des changements que je me suis permis d'y apporter et de quelques augmentations, selon moi, devenues nécessaires, la Grammaire de Lhomond restera, je l'espère, en possession de la faveur publique que, malgré ses défauts, elle avait méritée jusqu'à ce jour.

# ÉLÉMENTS
## DE LA
# GRAMMAIRE FRANÇAISE.

## INTRODUCTION.

La Grammaire est l'art de parler et d'écrire correctement. Pour parler et pour écrire, on emploie des mots : les mots sont composés de lettres.

Il y a deux sortes de lettres, les *voyelles* et les *consonnes*.

Les voyelles sont *a*, *e*, *i*, *o*, *u* et *y*. On les appelle *voyelles*, parce que, seules, elles forment une voix, un son.

Il y a trois sortes d'*e* : *e* muet, *é* fermé, *è* ouvert.

L'*e muet*, comme à la fin de ces mots : *homme*, *monde* : on l'appelle *muet*, parce que le son en est sourd et peu sensible.

L'*é fermé*, comme à la fin de ces mots, *bonté*, *café* : cet *é* se prononce la bouche presque fermée.

L'*è ouvert*, comme à la fin de ces mots, *procès*, *accès*, *succès* : pour bien prononcer cet *è*, il faut appuyer dessus, et desserrer les dents.

L'*y* grec s'emploie le plus souvent pour deux *ii*, comme dans *pays*, *moyen*, *joyeux* : prononcez *pai-is*, *moi-ien*, *joi-ieux* (1).

---

(1) L'exception n'a lieu que dans les mots tirés du grec, *hymne*, *Hippolyte*, *pyramide*, etc.; alors il se prononce comme l'*i* simple.

Il y a dix-huit consonnes (1); savoir : *b, c, d, f, g, j, k, l, m, n, p, q, r, s, t, v, x, z*. Ces lettres s'appellent *consonnes*, parce qu'elles ne forment un son qu'avec le secours des voyelles, comme *ba, be, bi, bo, bu; ca, ce, ci, co, cu; da, de, di, do, du*, etc.

La lettre *h* ne se prononce pas dans certains mots, l'*homme*, l'*honneur*, l'*histoire*, etc., qu'on prononce comme s'il y avait l'*omme*, l'*onneur*, l'*istoire*; alors on l'appelle *h muette*.

Mais dans les mots suivants, la *haine*, le *hameau*, le *héros*, la lettre *h* fait prononcer du gosier la voyelle qui suit; alors on l'appelle *h aspirée* : ainsi l'on écrit et l'on prononce séparément les deux mots *la haine*, et non pas *l'haine*, *les héros*, et non pas comme s'il y avait les *zhéros*.

### *Des voyelles longues et des voyelles brèves.*

Les voyelles *longues* sont celles sur lesquelles on appuie plus long-temps que sur les autres en les prononçant.

Les voyelles *brèves* sont celles sur lesquelles on appuie moins long-temps.

Par exemple, *a* est long dans *pâte* pour faire du pain; il est bref dans *patte* d'animal.

*e* est long dans *tempête*, et bref dans *trompette*.

*i* est long dans *gîte*, et bref dans *petite*.

*o* est long dans *apôtre*, et bref dans *dévote*.

*u* est long dans *flûte*, et bref dans *butte*.

Pour marquer les différentes sortes d'*e*, et les voyelles longues, on emploie trois petits signes que l'on appelle *accents*; savoir : l'accent aigu (´),

---

(1) **Non** compris la lettre *h*.

qui se met sur les *é* fermés, *bonté*; l'accent grave (`), qui se met sur les *è* ouverts, *accès*; et l'accent circonflexe (^), qui se met sur la plupart des voyelles longues, *apôtre*.

Il y a en français dix sortes de mots, qu'on appelle les *parties du discours;* savoir, le *Nom Substantif*, l'*Article*, l'*Adjectif*, le *Pronom*, le *Verbe*, le *Participe*, l'*Adverbe*, la *Préposition*, la *Conjonction* et l'*Interjection*.

## CHAPITRE PREMIER.

### PREMIÈRE ESPÈCE DE MOTS.

#### LE NOM SUBSTANTIF.

Le *Nom Substantif* est un mot qui sert à nommer un être, c'est-à-dire une personne ou un objet, comme *Pierre, Paul, livre, chapeau*.

Il y a deux sortes de substantifs, le substantif *commun* et le substantif *propre*.

Le substantif *commun* est celui qui convient à tous les êtres semblables, ou de la même espèce; *homme, cheval, maison*, sont des substantifs communs; car le nom *homme* convient à tous les individus de l'espèce humaine; le nom *cheval* convient à tous les individus de l'espèce *cheval*, etc.

Le substantif propre est celui qui peut convenir à un ou à plusieurs individus de la même espèce, mais non à tous les individus de la même espèce; *Louis, Adam, Paris*, la *Seine*, sont des substantifs propres; car le nom *Louis*, quoiqu'il puisse convenir à plusieurs personnes, ne convient pas à tous les hommes, puisque tous les hommes ne s'appellent pas Louis; le nom *Paris* est un nom propre parce que toutes les villes ne s'appellent point Paris.

Il y a des substantifs communs *collectifs*; ce sont des substantifs qui expriment une *collection*, c'est-à-dire une réunion de personnes ou d'objets, comme une *troupe*, le *peuple*, la *foule*, la *forêt*.

Dans les substantifs il faut considérer le *genre* et le *nombre*.

Il y a en français deux genres, le *masculin* et le *féminin*. Les noms d'hommes ou de mâles sont du genre masculin, comme un *père*, un *lion*; les noms de femmes ou de femelles sont du genre féminin, comme une *mère*, une *lionne*. Ensuite par imitation, on a donné le genre masculin ou le genre féminin à des choses qui ne sont ni mâles ni femelles, comme un *livre*, une *table*, le *soleil*, la *lune*.

Il y a deux nombres, le *singulier* et le *pluriel*; le singulier quand on parle d'une seule personne ou d'une seule chose, comme un *homme*, un *livre* : le pluriel quand on parle de plusieurs personnes ou de plusieurs choses, comme les *hommes*, les *livres*.

*Comment se forme le pluriel dans les substantifs.*

RÈGLE GÉNÉRALE. Pour former le pluriel ajoutez *s* à la fin du substantif : le *père*, les *pères*; la *mère*, les *mères*, le *livre*, les *livres*, la *table*, les *tables* (1).

---

(1) Les mots en *ant* et en *ent* gardent le *t* au pluriel; ainsi on écrit *des enfants prudents* et non pas *des enfans prudens*. (Académie, 1835.)

*Première remarque.* Les substantifs terminés au singulier par *s*, *z*, *x* n'ajoutent rien au pluriel : le *fils*, les *fils*; le *nez*, les *nez*; la *voix*, les *voix*.

*Deuxième remarque.* Les substantifs terminés au singulier par *au*, *eu*, *ou*, prennent *x* au pluriel : le *bateau*, les *bateaux*; le *feu*, les *feux*; le *caillou*, les *cailloux* (1).

*Troisième remaque.* La plupart des substantifs terminés au singulier par *al*, *ail* font leur pluriel en *aux* : le *mal*, les *maux*; le *cheval*, les *chevaux*; le *travail*, les *travaux* (excepté *bals*, *pals*, *régals*, *carnavals*, *chacals*, *narvals*; *détails*, *éventails*, *portails*, *gouvernails*, *camails*, *épouvantails*, *mails*, *poitrails*, *sérails*); *aïeul*, *ciel*, *œil*, font *aïeux*, *cieux*, *yeux* (2).

## CHAPITRE II.

### SECONDE ESPÈCE DE MOTS.

#### L'ARTICLE *le*, *la*, *les*.

L'ARTICLE est un petit mot que l'on met devant les substantifs communs, pour annoncer qu'ils sont pris dans une signification déterminée, c'est-à-dire fixée, précise.

Nous n'avons qu'un article, *le*, *la* au singulier, *les* au pluriel. *Le* se met devant un substantif singulier masculin, *le père*; *la* se met devant un sub-

---

(1) On dit et l'on écrit : le *bleu*, les *bleus*; un *œil bleu*, des *yeux bleus*. Les exceptions s'apprennent par l'usage. (Voyez 7ᵉ exercice.)

(2) On dit des *œils-de-bœuf*, fenêtres rondes ou ovales; mai on doit dire les *yeux du fromage*, les *yeux du bouillon*. (Académie, 1835.)

stantif singulier féminin, *la mère*; *les* se met devant tous les substantifs pluriels, soit masculins, soit féminins, *les pères*, *les mères*. Ainsi l'on connaît qu'un substantif est du genre masculin, quand on peut mettre *le* devant ce substantif; on connaît qu'il est du genre féminin, quand on peut mettre *la*.

Il y a deux remarques à faire sur l'article.

*Première remarque.* On retranche e dans le mot *le*, on retranche a dans le mot *la*, quand le mot suivant commence par une voyelle, ou une *h* muette.

Ainsi on dit, *l'argent* pour *le argent*, *l'histoire* pour *la histoire*; mais alors on met à la place de la lettre retranchée cette petite figure ('), qu'on appelle *apostrophe*. (*Voyez* chapitre XI, *de l'orthographe*.)

*Deuxième remarque.* Pour joindre un substantif à un mot précédent, on met *de* ou *à* devant ce substantif; *fruit de l'arbre*, *utile à l'homme*.

Alors, au lieu de mettre *de le* devant un substantif masculin singulier qui commence par une consonne, on met *du*.

Au lieu de *à le*, on met *au*.

Devant un substantif pluriel, *de les* se change en *des*; *à les* se change en *aux*.

### EXEMPLES.

SINGULIER MASCULIN.

Le Père.

Maison *du* Père, pour *de le* Père
Je plais *au* Père, pour *à le* Père

PLURIEL MASCULIN.

Les Pères.

Maison *des* Pères, pour *de les* Pères.
Je plais *aux* Pères, pour *à les* Pères.

FRANÇAISE.

Au contraire *de* et *à* devant *la* ne se changent jamais.

SINGULIER FÉMININ.

*La* Mère.
*De la* Mère.
*A la* Mère.

PLURIEL FÉMININ.

*Les* Mères.
*Des* Mères, pour *de les* Mères.
*Aux* Mères, pour *à les* Mères.

## CHAPITRE III.

### TROISIÈME ESPÈCE DE MOTS.

#### L'ADJECTIF.

L'ADJECTIF est un mot que l'on ajoute au substantif pour marquer la qualité d'une personne ou d'une chose, la manière dont cette personne ou cette chose existe.

EXEMPLES : *bon* père, *bonne* mère, *beau* livre, *belle* image : ces mots *bon, bonne, beau, belle,* sont des adjectifs joints à *père, mère, livre, image,* pour indiquer que le père existe de cette manière, *bon*; que la mère existe de cette manière, *bonne,* etc.

On connaît qu'un mot est adjectif, quand on peut y joindre le mot *personne* ou *chose* : ainsi *habile, agréable,* sont des adjectifs, parce qu'on peut dire *personne habile, chose agréable.*

On distingue deux sortes d'adjectifs : les adjectifs *qualificatifs,* qui expriment seulement la *qualité,* comme le *beau* livre; et les adjectifs *détermi-*

*natifs* qui expriment la qualité du substantif, et de plus en déterminent la signification, comme, *mon livre*, c'est à-dire le livre *appartenant* à moi, celui-là et non pas un autre.

Les adjectifs ont les deux genres, *masculin* et *féminin*. Cette différence de genre se marque ordinairement par la dernière lettre.

*Comment se forme le féminin dans les Adjectifs.*

Règle générale. Quand un adjectif ne finit point par un *e* muet, on y ajoute un *e* muet pour former le féminin : *prudent, prudente; saint, sainte; méchant, méchante; petit, petite; grand, grande; poli, polie; vrai, vraie*, etc.

Exceptions. *Première exception.* Les adjectifs *cruel, pareil, ancien, bon, net*, et les adjectifs terminés de la même manière, doublent au féminin leur dernière consonne avec l'*e* muet : *cruelle, pareille, ancienne, bonne, nette.*

Les adjectifs *bas, gros, gras, nul, gentil, fol, mol, sot, épais, paysan*, doublent aussi leur dernière consonne avec l'*e* muet : *basse, grosse, grasse, nulle, gentille, folle, molle, sotte, épaisse, paysanne.*

*Deuxième exception.* Les adjectifs *beau, nouveau, fou, mou*, font au féminin *belle, nouvelle, folle, molle*; parce qu'au masculin on dit aussi *bel, nouvel, fol, mol*, devant une voyelle ou une *h* muette : *bel oiseau, bel homme, nouvel appartement, fol espoir.*

*Troisième exception. Blanc, franc, sec, frais*, font au féminin *blanche, franche, sèche, fraîche.*

*Turc, grec, public, caduc*, font *turque, grecque, publique, caduque.*

*Quatrième exception.* Les adjectifs *bref, naïf*,

font au féminin *brève*, *naïve*, en changeant *f* en *v*. *Long*, *favori*, font *longue*, *favorite*.

*Cinquième exception.* *Malin*, *bénin*, *témoin*, font *maligne*, *bénigne*, *témoin*.

*Sixième exception.* Les adjectifs en *eur* font ordinairement leur féminin en *euse* : *trompeur*, *trompeuse*; *parleur*, *parleuse*; *chanteur*, *chanteuse*; cependant *pécheur* fait *pécheresse*; *acteur* fait *actrice*; *protecteur*, *protectrice*; *créateur*, *créatrice*; *accusateur*, *accusatrice*.

*Remarque.* Les adjectifs *meilleur*, *majeur*, *mineur*, et ceux qui sont terminés au masculin en *érieur*, comme *antérieur*, *supérieur* suivent la règle générale : *meilleure*, *majeure*, *mineure*, *antérieure*, etc.

*Septième exception.* Les adjectifs terminés en *x* se changent en *se* : *dangereux*, *dangereuse*; *honteux*, *honteuse*; *jaloux*, *jalouse*, etc. Cependant *vieux*, *faux*, *doux*, *roux*, font *vieille*, *fausse*, *douce*, *rousse*.

*Comment se forme le pluriel.*

Le pluriel dans les adjectifs se forme comme dans les substantifs, en ajoutant *s* à la fin : *bon*, *bonne*; au pluriel *bons*, *bonnes*, etc.

EXCEPTIONS. *Première exception.* Les adjectifs terminés au singulier par *s* ou par *x*, tels que *gras*, *gros*, *heureux*, s'écrivent de la même manière au pluriel masculin.

*Deuxième exception.* Les adjectifs terminés en *eau* au singulier forment leur pluriel au masculin en ajoutant une *x* : *beau*, *jumeau*, *nouveau*, font *beaux*, *jumeaux*, *nouveaux*.

*Troisième exception.* Presque tous les adjectifs en *al* font le pluriel masculin en *aux* : *capital*, *capitaux*; *légal*, *légaux*. Mais *filial*, *frugal*, *pascal*, *pastoral*, *glacial*, *naval*, *colossal* n'ont pas de pluriel (1). *Fatal* fait au pluriel *fatals*, peu usité.

ACCORD DES ADJECTIFS AVEC LES SUBSTANTIFS.

RÈGLE. I. Tout adjectif doit être du même genre et du même nombre que le substantif auquel il se rapporte.

EXEMPLES. Le *bon père*, la *bonne mère* : *bon* est du masculin et du singulier, parce que *père* est du masculin et du singulier; *bonne* est du féminin et du singulier, parce que *mère* est du féminin et du singulier.

*De beaux jardins, de belles fleurs* : *beaux* est du masculin et au pluriel, parce que *jardins* est du masculin et au pluriel, etc.

II. Quand un adjectif se rapporte à deux substantifs singuliers, on met cet adjetif au pluriel, parce que deux singuliers valent un pluriel.

EXEMPLE. *Le roi et le berger sont* égaux *après la mort* (et non pas *égal*).

Si les deux substantif sont de différents genres, on met l'adjectif au masculin.

EXEMPLE. *Mon père et ma mère sont* contents (et non pas *contentes*).

Quant à la place des adjectifs, il y en a qui se mettent devant le substantif, comme *beau* jardin, *grand* arbre, etc. D'autres se mettent après le

---

(1) Lhomond ajoute à cette liste *fatal, trivial, vénal*, dont le pluriel selon l'Académie, édition 1835, est *fatals, triviaux, vénaux*. Il y joint encore *littéral, conjugal, austral, boréal, final*. L'Académie ne dit rien du pluriel masculin de ces adjectifs, qui du reste ne s'emploient guère qu'au singulier ou au féminin pluriel.

substantif, comme *habit* rouge, *table* ronde, etc. L'usage est le seul guide à cet égard.

### RÉGIME DES ADJECTIFS (1).

RÈGLE. Pour joindre un substantif à un adjectif précédent, on met *de* ou *à* entre cet adjectif et ce substantif; alors on appelle ce substantif *régime* de l'adjectif.

EXEMPLE. *Digne de récompense, content de son sort, utile à l'homme, semblable à son père, propre à la guerre.* Récompense est le régime de l'adjectif *digne*, parce qu'il est joint à cet adjectif par le mot *de*. *L'homme* est le régime de l'adjectif *utile*, parce qu'il est joint à cet adjectif par le mot *à*.

*Degrés de signification dans les Adjectifs.*

On distingue dans les adjectifs trois degrés de signification, le *positif*, le *comparatif* et le *superlatif*.

Le *positif* n'est autre chose que l'adjectif même, comme *beau, belle, agréable*.

Le *comparatif*, c'est l'adjectif avec comparaison : quand on compare deux choses, on trouve que l'une est ou supérieure à l'autre, ou inférieure à l'autre, ou égale à l'autre.

Pour marquer un comparatif de *supériorité*, on

---

(1) La manière d'accorder un mot avec un autre mot, ou de faire régir un mot par un autre mot, s'appelle la *Syntaxe* : ainsi la syntaxe est la manière de joindre les mots ensemble. Il y a deux sortes de syntaxes : la syntaxe d'*accord*, par laquelle on fait accorder deux mots en genre, en nombre, etc.; la syntaxe de *régime*, par laquelle un mot régit *de* ou *a* devant un autre mot.

met *plus* devant l'adjectif, comme *la rose est plus belle que la violette.*

Pour marquer un comparatif d'*infériorité*, on met *moins* devant l'adjectif, comme *la violette est* moins *belle que la rose.*

Pour marquer un comparatif d'*égalité*, on met *aussi* devant l'adjectif, comme *la rose est* aussi *belle que la tulipe.*

Le mot *que* sert à joindre les deux choses que l'on compare.

Nous avons trois adjectifs qui expriment seuls une comparaison : *meilleur*, au lieu de *plus bon*, qui ne se dit pas; *moindre*, qui signifie *plus petit*; *pire*, qui signifie *plus mauvais* : exemple, *la vertu est* meilleure *que la science*; *le mensonge est* pire *que l'indocilité.*

L'adjectif est au *superlatif* quand il exprime la qualité dans un très-haut degré ou dans le plus haut degré. Pour former le superlatif, on met *très-* ou *le plus*, devant l'adjectif, comme *Paris est une très-belle ville*, et alors le superlatif s'appelle *absolu*; ou *Paris est* la plus *belle des villes*; et ce superlatif s'appelle *relatif*, parce qu'il marque un rapport aux autres villes (1).

### ADJECTIFS DÉTERMINATIFS.

Les adjectifs déterminatifs se divisent en : 1° *adjectifs numéraux* ou *de nombre*; 2° *adjectifs possessifs*; 3° *adjectifs démonstratifs*; 4° *adjectifs indéfinis.*

1° *Adjectifs déterminatifs numéraux.*

Les adjectifs *numéraux* ou *de nombre* sont ceux dont on se sert pour compter.

---

(1) *Voyez* 17ᵉ exercice.

Il y en a de deux sortes : les adjectifs numéraux *cardinaux*, qui expriment le nombre, et les adjectifs numéraux *ordinaux*, qui indiquent l'ordre, le rang.

Les adjectifs numéraux *cardinaux* sont *un, deux, trois, quatre, cinq, six, sept, huit, neuf, dix, onze, douze, treize, quatorze, quinze, seize, dix-sept, dix-huit, dix-neuf, vingt, trente, quarante, cinquante, soixante, quatre-vingts, cent, mille*, etc.

Les adjectifs numéraux *ordinaux* se forment des cardinaux, ces adjectifs sont *premier, second, deuxième, troisième, quatrième, cinquième, sixième, septième, huitième, neuvième, dixième*, etc.

*Remarque.* L'adjectif *un, une* est employé comme article, quand on ne compte pas; alors *un, une* peut être remplacé par l'article *le, la*. Exemple, un *enfant sage est aimé de ses parents*; on peut dire, l'*enfant sage est aimé*, etc.

2° *Adjectifs déterminatifs possessifs.*

Les adjectifs possessifs marquent la possession d'une chose, comme *mon* livre, *votre* cheval, *son* chapeau; c'est-à-dire, le livre *qui est à moi*, le cheval *qui est à vous*, le chapeau *qui est à lui*.

| Singulier. | | Pluriel. |
|---|---|---|
| *Masculin.* | *Féminin.* | *Des deux genres.* |
| Mon. | Ma. | |
| Ton. | Ta. | Mes. |
| Son. | Sa. | Tes. |
| *Des deux genres.* | | Ses. |
| Notre. | | Nos. |
| Votre. | | Vos. |
| Leur. | | Leurs. |

2

*Remarque. Mon, ton, son* s'emploient au féminin devant une voyelle ou une *h* muette : on dit, *mon âme,* pour *ma âme; ton humeur,* pour *ta humeur; son épée,* pour *sa épée.*

Ne confondez pas *leur* adjectif possessif avec *leur* pronom personnel ; l'adjectif possessif *leur* est toujours suivi d'un substantif ou d'un adjectif.

### 3° *Adjectifs déterminatifs démonstratifs.*

Ces adjectifs servent à montrer l'objet dont on parle ; comme quand je dis : *ce* livre, *cette* table, je montre un *livre*, une *table*.

| Singulier. | | Pluriel. |
|---|---|---|
| Masculin. | Féminin. | Des deux genres. |
| Ce, cet. | Celte. | Ces. |

*Remarque.* On met *ce* devant les mots qui commencent par une consonne ou une *h* aspirée : *ce village, ce hameau* : on met *cet* devant une voyelle ou une *h* muette : *cet oiseau, cet homme.*

### 4° *Adjectifs déterminatifs indéfinis.*

Ces adjectifs indiquent que les substantifs auxquels ils se rapportent, sont pris d'une manière générale. Ce sont :

Chaque, plusieurs, aucun, tout, même, quel, quelque, maint, nul, certain (1), quelconque, tel.

---

(1) Si le mot *certain* signifie *sûr, assuré*, comme dans *j'en suis certain*, il est adjectif qualificatif.

# CHAPITRE IV.

## QUATRIÈME ESPÈCE DE MOTS.

### LE PRONOM.

LE pronom est un mot qui tient la place du nom substantif, et qui indique le *rôle* ou *personne* que ce substantif joue dans le discours.

Il y a trois *personnes* ou *rôles* : la première personne est celle qui parle; la seconde personne est celle à qui l'on parle; la troisième personne est celle de qui l'on parle.

On divise les pronoms en : 1° *pronoms personnels*, 2° *pronoms possessifs*, 3° *pronoms démonstratifs*, 4° *pronoms relatifs*, 5° *pronoms indéfinis*.

### 1° PRONOMS PERSONNELS.

Les pronoms *personnels* sont ceux qui désignent plus particulièrement les personnes.

*Pronom de la première personne.*

Ce pronom est des deux genres : masculin, si c'est un homme qui parle; féminin, si c'est une femme.

### EXEMPLES.

SINGULIER. JE *ou* MOI.

Me, *pour* à moi, moi.
{ *Le maître* me *donnera un livre;* c'est-à-dire, *donnera à moi.*
*Le maître* me *regarde;* c'est-à-dire, *regarde moi.*

PLURIEL. NOUS.

## GRAMMAIRE

*Pronom de la seconde personne.*

Il est des deux genres : masculin, si c'est à un homme que l'on parle, féminin, si c'est à une femme.

### EXEMPLES.

**SINGULIER. TU** *ou* **TOI.**

Te, *pour à toi, toi.*  { *Le maître te donnera un livre;* c'est-à-dire, *donnera à* toi.  *Le maître te regarde*, c'est-à-dire, *regarde* toi.

**PLURIEL. VOUS.**

*Remarque.* Par politesse on dit *vous*, au lieu de *tu* au singulier; par exemple en parlant à un enfant : *vous* êtes bien aimable.

*Pronom de la troisième personne.*

### EXEMPLES.

**SINGULIER.** *Masculin,* **IL.** *Féminin,* **ELLE.**

Lui, *pour à lui, à elle.*  { *Je* lui *dois de l'estime;* c'est-à-dire, *je dois à* lui, *à* elle.

*Masculin*, le.  { *Je* le *connais;* c'est-à-dire, *je connais* lui.

*Féminin*, la.  { *Je* la *connais;* c'est-à-dire, *je connais* elle.

**PLURIEL.** *Masculin,* **ILS** *ou* **EUX.** *Féminin,* **ELLES.**

Leur, *pour à eux, à elles.*  { *Je* leur *dois le respect;* c'est-à-dire, *je dois à* eux, *à* elles.

Les, *pour eux, elles.*  { *Je* les *connais;* c'est-à-dire, *je connais* eux, *elles.*

*Remarque.* Les mots *le, la, les, leur*, ne sont pronoms personnels que quand ils sont immédiatement placés avant un verbe ou après un verbe, auquel ils sont joints par un trait-d'union, comme, *je* le *connais, je* la *connais, regardez-*les*, je* leur *dois le respect, écrivez-*leur.

Le mot *leur*, quand il est pronom, ne prend jamais de *s*.

Il y a encore un pronom personnel de la troisième personne, *soi, se*; il est des deux genres et des deux nombres : on l'appelle quelquefois *pronom réfléchi*, parce qu'il marque le rapport d'une personne à elle-même.

### EXEMPLES.

*De* soi.

Se, *pour* à soi, soi.

{ *Il se donne des louanges;* c'est-à-dire, *il donne à soi.*
*Il se flatte;* c'est-à-dire, *il flatte soi.*

Il y a deux mots qui servent de pronoms; savoir: 1° *en*, qui signifie *de lui, d'elle, d'eux, d'elles* : ainsi quand on dit, *j'en parle*, on peut entendre, *je parle* de lui, d'elle, etc., selon la personne ou la chose dont le nom a été exprimé auparavant.

2° *Y*, qui signifie *à cette chose, à ces choses*; comme quand on dit, *je m'y applique*, c'est-à-dire *je m'applique* à cette chose, à ces choses.

### Règles des pronoms.

Les pronoms *il, elle, ils, elles*, doivent toujours être du même genre et du même nombre que le substantif dont ils tiennent la place : ainsi, en parlant de la tête, dites : elle *me fait mal;* elle, parce que ce pronom se rapporte à *tête*, qui est du féminin et au singulier; et en parlant de plusieurs jardins, dites : *ils sont beaux*; *ils*, parce que ce pronom se rapporte à *jardins*, qui est du masculin et au pluriel.

### 2° PRONOMS POSSESSIFS.

Les pronoms *possessifs* expriment la possession de l'objet dont ils tiennent la place : *exemple*, ce livre est le mien, *c'est-à-dire*, est le livre *qui m'appartient*.

| Singulier. | | Pluriel. | |
|---|---|---|---|
| *Masculin.* | *Féminin.* | *Masculin.* | *Féminin.* |
| Le mien. | La mienne. | Les miens. | Les miennes. |
| Le tien. | La tienne. | Les tiens. | Les tiennes. |
| Le sien. | La sienne. | Les siens. | Les siennes. |
| | | *Des deux genres.* | |
| Le nôtre. | La nôtre. | Les nôtres. | |
| Le vôtre. | La vôtre. | Les vôtres. | |
| Le leur. | La leur. | Les leurs. | |

### 3° PRONOMS DÉMONSTRATIFS.

Ces pronoms expriment la présence de la personne ou de la chose dont ils tiennent la place.

| Singulier. | | Pluriel. | |
|---|---|---|---|
| *Masculin.* | *Féminin.* | *Masculin.* | *Féminin.* |
| Ce. | | | |
| Ceci, Cela. | | | |
| Celui. | Celle. | Ceux. | Celles. |
| Celui-ci. | Celle-ci. | Ceux-ci. | Celles-ci. |
| Celui-là. | Celle-là. | Ceux-là. | Celles-là. |

*Remarque. Celui-ci*, *celle-ci* s'emploient pour montrer des choses qui sont proches : *celui-là*, *celle-là* pour montrer des choses éloignées.

## 4° PRONOMS RELATIFS.

Les pronoms *relatifs* ont rapport à un substantif ou à un pronom qui est devant, comme quand je dis : *Dieu* qui *a créé le monde, qui* se rapporte à *Dieu*; *le livre* que *je lis*, *que* se rapporte à *livre*. Le mot auquel *qui* ou *que* se rapporte, s'appelle *antécédent*. Dans les deux exemples ci-dessus, *Dieu* est l'antécédent du pronom relatif *qui*; *livre* est l'antécédent du pronom relatif *que*.

Qui.  
Que.  
Quoi.  
Dont *ou* de qui. } *Des deux genres et des deux nombres.*

| SINGULIER. | | PLURIEL. | |
|---|---|---|---|
| *Masculin.* | *Féminin.* | *Masculin.* | *Féminin.* |
| Lequel. | Laquelle. | Lesquels. | Lesquelles. |
| Duquel. | De laquelle. | Desquels. | Desquelles. |
| Auquel. | A laquelle. | Auxquels. | Auxquelles. |

*Remarque.* Ne confondez pas le pronom *que* avec *que* adverbe et *que* conjonction. Le mot *que* est pronom relatif, quand il est placé après un autre pronom, ou bien quand il peut se tourner par *lequel, laquelle, lesquels, lesquelles* : exemple, *voici le livre* que *tu m'as demandé*, c'est-à-dire, *voici le livre,* lequel *livre tu m'as demandé.*

Si le mot *que* signifie *combien*, il est adverbe, exemple, que *de fautes il a commises*, c'est-à-dire combien de fautes.

Si le mot *que* ne peut se tourner ni par *com-*

*bien*, ni par *lequel*, *laquelle*, etc., il est conjonction ; exemple, *je crois* que *vous riez*; on ne peut pas tourner par *je crois* combien *vous riez*, ni par *je crois* lequel *vous riez*.

*Règle du* QUI *ou* QUE *relatif.*

*Qui, que relatif* s'acccorde avec son antécédent en *genre*, en *nombre* et en *personne* : ainsi dans cet exemple: *l'enfant* qui *joue*, *qui* est du singulier et de la troisième personne, parce que *l'enfant* est du singulier et de la troisième personne; il est du masculin, si c'est un petit garçon qui joue; il est du féminin, si c'est une petite fille.

*Remarque.* Les pronoms relatifs *qui, que*, sont quelquefois interrogatifs, comme quand on dit: qui *a fait cela?* que *vous dirai-je?* qui ou *que* est interrogatif, quand il n'a point d'antécédent et qu'on peut le tourner par *quelle personne?* ou *quelle chose?* Dans les deux exemples ci-dessus, on peut dire : *quelle personne* a fait cela? *quelle chose* vous dirai-je?

5° PRONOMS INDÉFINIS.

Les pronoms *indéfinis* indiquent les personnes ou les choses d'une manière générale. Ce sont :

Personne, autrui, quelqu'un,
L'un l'autre, l'un et l'autre, on, quiconque,
chacun.

*Remarque.* Les adjectifs indéfinis, *nul*, *tel*, *aucun*, *tout*, *plusieurs* sont employés comme pronoms indéfinis, lorsqu'ils n'accompagnent pas un substantif.

## CHAPITRE V.

### CINQUIÈME ESPÈCE DE MOTS.

#### LE VERBE.

Le verbe est un mot dont on se sert pour exprimer que l'on est, ou que l'on fait quelque chose : ainsi le mot *être*, *je suis*, est un verbe; le mot *lire*, *je lis*, est un verbe.

Le verbe affirme que la qualité ou manière d'être exprimée par l'adjectif, convient à la personne ou à la chose dont on parle : quand je dis, *Pierre est malade*, par le mot *est* j'affirme que la manière d'être, *malade*, convient à Pierre. De même, *Pierre joue*; c'est comme si je disais, *Pierre est jouant*; j'affirme donc que la manière d'être, *jouant*, convient à Pierre.

Le verbe *être* s'appelle *verbe-substantif*. Tous les autres verbes sont formés du verbe *être* et d'un adjectif : on les appelle *verbes-adjectifs*; ainsi *chanter*, *finir*, *lire* sont des *verbes-adjectifs*, parce qu'ils sont mis pour *être chantant*, *être finissant*, *être lisant*.

On connaît un verbe en français, quand on peut y ajouter ces pronoms, *je*, *tu*, *nous*, *vous*, *ils*; comme je *lis*, tu *lis*, il *lit*; nous *lisons*, vous *lisez*, ils *lisent*.

Personnes. Les pronoms *je*, *nous*, marquent la première personne, c'est-à-dire celle qui parle; *tu*, *vous*, marquent la seconde personne, c'est-à-dire celle à qui l'on parle; *il*, *elle*, *ils*, *elles*, et tout substantif placé devant un verbe, marquent la troisième personne, c'est-à-dire celle de qui l'on parle.

NOMBRES. Il y a dans les verbes deux nombres : le *singulier*, quand on parle d'une seule personne, comme *je lis*, *l'enfant dort*; le *pluriel*, quand on parle de plusieurs personnes, comme *nous lisons*, *les enfants dorment*.

TEMPS. Il y a trois temps : le *présent*, qui marque que la chose est ou se fait actuellement, comme *je lis*; le *passé* ou *prétérit*, qui marque que la chose a été faite, comme *j'ai lu*; le *futur*, qui marque que la chose sera ou se fera, comme *je lirai*.

On distingue plusieurs sortes de passés, savoir : un *imparfait*, *je lisais*; trois *passés*, *je lus*, *j'ai lu*, *j'eus lu*; et un *plus-que-parfait*, *j'avais lu*.

On distingue aussi deux futurs : le *futur simple*, *je lirai*, et le *futur antérieur*, *j'aurai lu*.

MODES. Il y a cinq *modes* ou manières de signifier dans les verbes français.

1° *L'indicatif*, quand on affirme simplement que la chose est, *je lis*; ou qu'elle a été, *tu as lu*; ou qu'elle sera, *nous lirons*.

2° *Le conditionnel*, quand on dit qu'une chose serait ou qu'elle aurait été moyennant une condition; *il lirait*, s'il savait lire; nous *aurions lu*, si vous l'aviez demandé.

3° *L'impératif*, quand on commande de la faire, *lis*, *lisez*.

4° *Le subjonctif*, quand on veut, quand on souhaite, ou qu'on doute qu'elle se fasse. Je veux, je désire qu'*il lise*, je doute que vous *ayez lu*.

5° *L'infinitif*, qui exprime l'action ou l'état en général, sans nombre ni personne, *lire*, *être*.

## Conjugaisons.

Réciter de suite les différents modes d'un verbe avec tous leurs temps, leurs nombres et leurs personnes, cela s'appelle *conjuguer*.

Il y a en français quatre conjugaisons différentes, que l'on distingue par la terminaison de l'infinitif.

La première conjugaison a l'infinitif terminé en *er*, comme *aimer*.

La seconde a l'infinitif terminé en *ir*, comme *finir*.

La troisième a l'infinitif terminé en *oir*, comme *recevoir*.

La quatrième a l'infinitif terminé en *re* comme *rendre*.

Il y a deux verbes que l'on nomme *auxiliaires*, parce qu'ils aident à conjuguer tous les autres; nous commencerons par ces deux verbes (1).

---

## VERBE AUXILIAIRE *AVOIR*.

### INDICATIF.

| Présent. | Imparfait. |
|---|---|
| *Sing*. J'ai. | J'avais. |
| Tu as (2). | Tu avais. |
| Il *ou* elle a. | Il *ou* elle avait. |
| *Plur*. Nous avons. | Nous avions. |
| Vous avez. | Vous aviez. |
| Ils *ou* elles ont. | Ils *ou* elles avaient. |

---

(1) Voyez aux exercices différentes instructions sur les quatre conjugaisons, et des modèles de conjugaison pour les verbes en *ger, eler, eter, cer*, etc.

(2) Toutes les secondes personnes du singulier ont une *s* à la fin.

### Passé défini (1).

J'eus.
Tu eus.
Il eut.
Nous eûmes.
Vous eûtes.
Ils eurent.

### Passé indéfini.

J'ai eu.
Tu as eu.
Il a eu.
Nous avons eu.
Vous avez eu.
Ils ont eu.

### Passé antérieur.

J'eus eu.
Tu eus eu.
Il eut eu.
Nous eûmes eu.
Vous eûtes eu.
Ils eurent eu.

### Plus-que-parfait.

J'avais eu.
Tu avais eu.
Il avait eu.
Nous avions eu.
Vous aviez eu.
Ils avaient eu.

### Futur.

J'aurai.
Tu auras.
Il aura.
Nous aurons.
Vous aurez.
Ils auront.

### Futur antérieur.

J'aurai eu.
Tu auras eu.
Il aura eu.
Nous aurons eu.
Vous aurez eu.
Ils auront eu.

## CONDITIONNEL.

### Présent.

J'aurais.
Tu aurais.
Il aurait.
Nous aurions.
Vous auriez.
Ils auraient.

### Passé.

J'aurais eu.
Tu aurais eu.
Il aurait eu.

---

(1) On appelle passé *défini* celui qui marque un temps entièrement passé. Exemples : *j'eus hier la fièvre*. On appelle passé *indéfini*, celui qui marque un temps dont il peut rester encore quelque partie à s'écouler. Exemple : *j'ai eu la fièvre aujourd'hui*. On appelle passé *antérieur*, celui qui marque une chose faite avant une autre. Exemple : *dès que nous eûmes vu la fête nous partîmes*.

FRANÇAISE.

Nous aurions eu.
Vous auriez eu.
Ils auraient eu.

On dit aussi : *j'eusse eu, tu eusses eu, il eût eu, nous eussions eu, vous eussiez eu, ils eussent eu.*

## IMPÉRATIF.
*Point de première personne* (1).

......
Sing. Aie.
......
Plur. Ayons.
Ayez.
......

## SUBJONCTIF.
### Présent ou Futur.
Que j'aie.
Que tu aies.
Qu'il ait.
Que nous ayons.
Que vous ayez.
Qu'ils aient.

### Imparfait.
Que j'eusse.
Que tu eusses.
Qu'il eût.
Que nous eussions.

Que vous eussiez.
Qu'ils eussent.

### Passé.
Que j'aie eu.
Que tu aies eu.
Qu'il ait eu.
Que nous ayons eu.
Que vous ayez eu.
Qu'ils aient eu.

### Plus-que-parfait.
Que j'eusse eu.
Que tu eusses eu.
Qu'il eût eu.
Que nous eussions eu.
Que vous eussiez eu.
Qu'ils eussent eu.

## INFINITIF.
### Présent.
Avoir.
### Passé.
Avoir eu.

## PARTICIPE.
### Présent.
Ayant.
### Passé.
Eu, eue, ayant eu.
### Futur.
Devant avoir.

---

(1) La *Grammaire des grammaires* ne donne que trois personnes à l'impératif; en effet *qu'il ait*, *qu'ils aient* est un subjonctif, devant lequel on sous-entend le verbe qui exige ce mode, comme *je veux*, *j'ordonne*.

## VERBE AUXILIAIRE *ÊTRE*.

### INDICATIF.

#### Présent.

Je suis.
Tu es.
Il est.
Nous sommes.
Vous êtes.
Ils sont.

#### Imparfait.

J'étais.
Tu étais.
Il était.
Nous étions.
Vous étiez.
Ils étaient.

#### Passé défini.

Je fus.
Tu fus.
Il fut.
Nous fûmes.
Vous fûtes.
Ils furent.

#### Passé indéfini.

J'ai été.
Tu as été.
Il a été.
Nous avons été.
Vous avez été.
Ils ont été.

#### Passé antérieur.

J'eus été.
Tu eus été.
Il eut été.
Nous eûmes été.
Vous eûtes été.
Ils eurent été.

#### Plus-que-parfait.

J'avais été.
Tu avais été.
Il avait été.
Nous avions été.
Vous aviez été.
Ils avaient été.

#### Futur.

Je serai.
Tu seras.
Il sera.
Nous serons.
Vous serez.
Ils seront.

#### Futur antérieur.

J'aurai été.
Tu auras été.
Il aura été.
Nous aurons été.
Vous aurez été.
Ils auront été.

## CONDITIONNEL.
### Présent.
Je serais.
Tu serais.
Il serait.
Nous serions.
Vous seriez.
Ils seraient.

### Passé.
J'aurais été.
Tu aurais été.
Il aurait été.
Nous aurions été.
Vous auriez été.
Ils auraient été.

On dit aussi : *j'eusse été, tu eusses été, il eût été, nous eussions été, vous eussiez été, ils eussent été.*

## IMPÉRATIF.
*Point de première personne.*
Sing. ......
    Sois.
......
Plur. Soyons.
    Soyez.
......

## SUBJONCTIF.
### Présent.
Que je sois.
Que tu sois.
Qu'il soit.
Que nous soyons.
Que vous soyez.
Qu'ils soient.

### Imparfait.
Que je fusse.
Que tu fusses.
Qu'il fût.
Que nous fussions.
Que vous fussiez.
Qu'ils fussent.

### Passé.
Que j'aie été.
Que tu aies été.
Qu'il ait été.
Que nous ayons été.
Que vous ayez été.
Qu'ils aient été.

### Plus-que-parfait.
Que j'eusse été.
Que tu eusses été.
Qu'il eût été.
Que nous eussions été.
Que vous eussiez été.
Qu'ils eussent été.

## INFINITIF.
### Présent.
Être.

### Passé.
Avoir été.

## PARTICIPE.
### Présent.
Étant.

### Passé.
Été, *pas de féminin,* ayant été.

### Futur.
Devant être.

# PREMIÈRE CONJUGAISON,

## EN ER.

### INDICATIF.
#### Présent.
J'aime.
Tu aimes.
Il *ou* elle aime.
Nous aimons.
Vous aimez.
Ils *ou* elles aiment.

#### Imparfait.
J'aimais.
Tu aimais.
Il *ou* elle aimait.
Nous aimions.
Vous aimiez.
Ils *ou* elles aimaient.

#### Passé défini.
J'aimai.
Tu aimas.
Il aima.
Nous aimâmes.
Vous aimâtes.
Ils aimèrent.

#### Passé indéfini.
J'ai aimé.
Tu as aimé.
Il a aimé.
Nous avons aimé.
Vous avez aimé.
Ils ont aimé.

#### Passé antérieur.
J'eus aimé.
Tu eus aimé.
Il eut aimé.
Nous eûmes aimé.
Vous eûtes aimé.
Ils eurent aimé. (1)

#### Plus-que-parfait.
J'avais aimé.
Tu avais aimé.
Il avait aimé.
Nous avions aimé.
Vous aviez aimé.
Ils avaient aimé.

#### Futur.
J'aimerai.
Tu aimeras.
Il aimera.
Nous aimerons.
Vous aimerez.
Ils aimeront.

#### Futur antérieur.
J'aurai aimé.
Tu auras aimé.
Il aura aimé.

---

(1) Il y a un quatrième passé, dont on se sert rarement. Le voici : *j'ai eu aimé, tu as eu aimé, il a eu aimé, nous avons eu aimé, vous avez eu aimé, ils ont eu aimé.*

Nous aurons aimé.
Vous aurez aimé.
Ils auront aimé.

### CONDITIONNEL.
*Présent.*
J'aimerais.
Tu aimerais.
Il aimerait.
Nous aimerions.
Vous aimeriez.
Ils aimeraient.
*Passé.*
J'aurais aimé.
Tu aurais aimé.
Il aurait aimé.
Nous aurions aimé.
Vous auriez aimé.
Ils auraient aimé.

On dit aussi : *j'eusse aimé, tu eusses aimé, il eût aimé, nous eussions aimé, vous eussiez aimé, ils eussent aimé.*

### IMPÉRATIF.
*Point de première personne.*
Sing. ......
    Aime.
    ......
Plur. Aimons.
    Aimez.
    ......

### SUBJONCTIF.
*Présent.*
Que j'aime.
Que tu aimes.
Qu'il aime.
Que nous aimions.
Que vous aimiez.
Qu'ils aiment.
*Imparfait.*
Que j'aimasse.
Que tu aimasses.
Qu'il aimât.
Que nous aimassions.
Que vous aimassiez.
Qu'ils aimassent.
*Passé.*
Que j'aie aimé.
Que tu aies aimé.
Qu'il ait aimé.
Que nous ayons aimé.
Que vous ayez aimé.
Qu'ils aient aimé.
*Plus-que-parfait.*
Que j'eusse aimé.
Que tu eusses aimé.
Qu'il eût aimé.
Que nous eussions aimé.
Que vous eussiez aimé.
Qu'ils eussent aimé.

### INFINITIF.
*Présent.*
Aimer.
*Passé.*
Avoir aimé.

### PARTICIPE.
*Présent.*
Aimant.
*Passé.*
Aimé, aimée, ayant aimé.
*Futur.*
Devant aimer.

Ainsi se conjuguent les verbes *chanter, danser, attacher, arrêter.* (*Voy.* exercices 29, 37 et suiv.)

## SECONDE CONJUGAISON,
### EN IR.

#### INDICATIF.
##### Présent.
Je finis.
Tu finis.
Il finit.
Nous finissons.
Vous finissez.
Ils finissent.

##### Imparfait.
Je finissais.
Tu finissais.
Il finissait.
Nous finissions.
Vous finissiez.
Ils finissaient.

##### Passé défini.
Je finis.
Tu finis.
Il finit.
Nous finîmes,
Vous finîtes.
Ils finirent.

##### Passé indéfini.
J'ai fini.
Tu as fini.
Il a fini.
Nous avons fini.
Vous avez fini.
Ils ont fini.

##### Passé antérieur.
J'eus fini.
Tu eus fini.
Il eut fini.
Nous eûmes fini.
Vous eûtes fini.
Ils eurent fini (1).

##### Plus-que-parfait.
J'avais fini.
Tu avais fini.
Il avait fini.
Nous avions fini.
Vous aviez fini.
Ils avaient fini.

##### Futur.
Je finirai.
Tu finiras.
Il finira.
Nous finirons.
Vous finirez.
Ils finiront.

##### Futur antérieur.
J'aurai fini.
Tu auras fini.
Il aura fini.
Nous aurons fini.
Vous aurez fini.
Ils auront fini.

#### CONDITIONNEL.
##### Présent.
Je finirais.
Tu finirais.
Il finirait.

---

(1) Il y a un quatrième passé, mais on s'en sert rarement. Le voici : *J'ai eu fini, tu as eu fini, il a eu fini, nous avons eu fini, vous avez eu fini, ils ont eu fini.*

Nous fin*irions*.
Vous fin*iriez*.
Ils fin*iraient*.

PASSÉ.
J'aurais fin*i*.
Tu aurais fin*i*.
Il aurait fin*i*.
Nous aurions fin*i*.
Vous auriez fin*i*.
Ils auraient fin*i*.

On dit aussi : *j'eusse fini, tu eusses fini, il eût fini, nous eussions fini, vous eussiez fini, ils eussent fini*.

IMPÉRATIF.
*Point de première personne.*
Sing. ......
Fin*is*.
......
Plur. Fin*issons*.
Fin*issez*.
......

SUBJONCTIF.
PRÉSENT.
Que je fin*isse*.
Que tu fin*isses*.
Qu'il fin*isse*.
Que nous fin*issions*.
Que vous fin*issiez*.
Qu'ils fin*issent*.

IMPARFAIT.
Que je fin*isse*.

Que tu fin*isses*.
Qu'il fin*ît*.
Que nous fin*issions*.
Que vous fin*issiez*.
Qu'ils fin*issent*.

PASSÉ.
Que j'aie fin*i*.
Que tu aies fin*i*.
Qu'il ait fin*i*.
Que nous ayons fin*i*.
Que vous ayez fin*i*.
Qu'ils aient fin*i*.

PLUS-QUE-PARFAIT.
Que j'eusse fin*i*.
Que tu eusses fin*i*.
Qu'il eût fin*i*.
Que nous eussions fin*i*.
Que vous eussiez fin*i*.
Qu'ils eussent fin*i*.

INFINITIF.
PRÉSENT.
Fin*ir*.

PASSÉ.
Avoir fin*i*.

PARTICIPE.
PRÉSENT.
Fin*issant*.

PASSÉ.
Fin*i*, fin*ie*, ayant fin*i*.

FUTUR.
Devant fin*ir*.

Ainsi se conjuguent *avertir, guérir, ensevelir, bénir* : mais ce dernier a deux participes; *bénit, bénite*, pour les choses consacrées par les prières des prêtres; *béni, bénie*, partout ailleurs. *Haïr;* mais ce verbe fait au présent de l'indicatif, *je hais, tu hais, il hait;* on prononce, *je hès, tu hès, il hèt*.

## TROISIÈME CONJUGAISON,

### EN *OIR*.

#### INDICATIF.
##### Présent.
Je reçois.
Tu reçois.
Il reçoit.
Nous recevons.
Vous recevez.
Ils reçoivent.

##### Imparfait.
Je recevais.
Tu recevais.
Il recevait.
Nous recevions.
Vous receviez.
Ils recevaient.

##### Passé défini.
Je reçus.
Tu reçus.
Il reçut.
Nous reçûmes.
Vous reçûtes.
Ils reçurent.

##### Passé indéfini.
J'ai reçu.
Tu as reçu.
Il a reçu.
Nous avons reçu.
Vous avez reçu.
Ils ont reçu.

##### Passé antérieur.
J'eus reçu.
Tu eus reçu.
Il eut reçu.
Nous eûmes reçu.
Vous eûtes reçu.
Ils eurent reçu (1).

##### Plus-que-parfait.
J'avais reçu.
Tu avais reçu.
Il avait reçu.
Nous avions reçu.
Vous aviez reçu.
Ils avaient reçu.

##### Futur.
Je recevrai.
Tu recevras.
Il recevra.
Nous recevrons.
Vous recevrez.
Ils recevront.

##### Futur antérieur.
J'aurai reçu.
Tu auras reçu.
Il aura reçu.

---

(1) Il y a un quatrième passé, mais on s'en sert rarement. Le voici : *j'ai eu reçu, tu as eu reçu, il a eu reçu, nous avons eu reçu, vous avez eu reçu, ils ont eu reçu.*

Nous aurons reçu.
Vous aurez reçu.
Ils auront reçu.

### CONDITIONNEL.
#### Présent.
Je recevrais.
Tu recevrais.
Il recevrait.
Nous recevrions.
Vous recevriez.
Ils recevraient.

#### Passé.
J'aurais reçu.
Tu aurais reçu.
Il aurait reçu.
Nous aurions reçu.
Vous auriez reçu.
Ils auraient reçu.

On dit aussi : j'eusse reçu, tu eusses reçu, il eût reçu, nous eussions reçu, vous eussiez reçu, ils eussent reçu.

### IMPÉRATIF.
*Point de première personne.*
Sing. ......
Reçois.
......
Plur. Recevons.
Recevez.
......

### SUBJONCTIF.
#### Présent.
Que je reçoive.
Que tu reçoives.
Qu'il reçoive.
Que nous recevions.
Que vous receviez.
Qu'ils reçoivent.

#### Imparfait.
Que je reçusse.
Que tu reçusses.
Qu'il reçût.
Que nous reçussions.
Que vous reçussiez.
Qu'ils reçussent.

#### Passé.
Que j'aie reçu.
Que tu aies reçu.
Qu'il ait reçu.
Que nous ayons reçu.
Que vous ayez reçu.
Qu'ils aient reçu.

#### Plus-que-parfait.
Que j'eusse reçu.
Que tu eusses reçu.
Qu'il eût reçu.
Que nous eussions reçu.
Que vous eussiez reçu.
Qu'ils eussent reçu.

### INFINITIF.
#### Présent.
Recevoir.
#### Passé.
Avoir reçu.

### PARTICIPE.
#### Présent.
Recevant.
#### Passé.
Reçu, reçue, ayant reçu.
#### Futur.
Devant recevoir.

Ainsi se conjuguent *apercevoir, concevoir, devoir, percevoir.*

## QUATRIÈME CONJUGAISON,

### EN *RE*.

#### INDICATIF.
##### Présent.
Je rend*s*.
Tu rend*s*.
Il rend.
Nous rend*ons*.
Vous rend*ez*.
Ils rend*ent*.

##### Imparfait.
Je rend*ais*.
Tu rend*ais*.
Il rend*ait*.
Nous rend*ions*.
Vous rend*iez*.
Ils rend*aient*.

##### Passé défini.
Je rend*is*.
Tu rend*is*.
Il rend*it*.
Nous rend*îmes*.
Vous rend*îtes*.
Ils rend*irent*.

##### Passé indéfini.
J'ai rend*u*.
Tu as rend*u*.
Il a rend*u*.
Nous avons rend*u*.
Vous avez rend*u*.
Ils ont rend*u*.

##### Passé antérieur.
J'eus rend*u*.
Tu eus rend*u*.
Il eut rend*u*.
Nous eûmes rend*u*.
Vous eûtes rend*u*.
Ils eurent rend*u* (1).

##### Plus-que-parfait.
J'avais rend*u*.
Tu avais rend*u*.
Il avait rend*u*.
Nous avions rend*u*.
Vous aviez rend*u*.
Ils avaient rend*u*.

##### Futur.
Je rend*rai*.
Tu rend*ras*.
Il rend*ra*.
Nous rend*rons*.
Vous rend*rez*.
Ils rend*ront*.

##### Futur antérieur.
J'aurai rend*u*.
Tu auras rend*u*.
Il aura rend*u*.

---

(1) Il y a un quatrième passé, mais on s'en sert rarement. Le voici : *j'ai eu rendu, tu as eu rendu, il a eu rendu, nous avons eu rendu, vous avez eu rendu, ils ont eu rendu.*

Nous aurons rendu.
Vous aurez rendu.
Ils auront rendu.
### CONDITIONNEL.
#### Présent.
Je rendrais.
Tu rendrais.
Il rendrait.
Nous rendrions.
Vous rendriez.
Ils rendraient.
#### Passé.
J'aurais rendu.
Tu aurais rendu.
Il aurait rendu.
Nous aurions rendu.
Vous auriez rendu.
Ils auraient rendu.

On dit aussi : *j'eusse rendu, tu eusses rendu, il eût rendu, nous eussions rendu, vous eussiez rendu, ils eussent rendu,*

### IMPÉRATIF.
*Point de première personne.*
Sing. ......
Rends.
......
Plur. Rendons.
Rendez.
......

### SUBJONCTIF.
#### Présent.
Que je rende.
Que tu rendes.
Qu'il rende.
Que nous rendions.
Que vous rendiez.
Qu'ils rendent.
#### Imparfait.
Que je rendisse.
Que tu rendisses.
Qu'il rendît.
Que nous rendissions.
Que vous rendissiez.
Qu'ils rendissent.
#### Passé.
Que j'aie rendu.
Que tu aies rendu.
Qu'il ait rendu.
Que nous ayons rendu.
Que vous ayez rendu.
Qu'ils aient rendu.
#### Plus-que-parfait.
Que j'eusse rendu.
Que tu eusses rendu.
Qu'il eût rendu.
Que nous eussions rendu.
Que vous eussiez rendu.
Qu'ils eussent rendu.

### INFINITIF.
#### Présent.
Rendre.
#### Passé.
Avoir rendu.

### PARTICIPE.
#### Présent.
Rendant.
#### Passé.
Rendu, rendue, ayant rendu.
#### Futur.
Devant rendre.

Ainsi se conjuguent *attendre, entendre, suspendre, vendre.*

### Des temps primitifs.

On appelle *temps primitifs* d'un verbe ceux qui servent à former les autres temps dans les quatre conjugaisons.

Il y a cinq temps primitifs : le *présent de l'infinitif*, le *participe présent*, le *participe passé*, le *présent de l'indicatif* et le *passé défini*.

### TABLEAU DES TEMPS PRIMITIFS.

| | PRÉSENT DE L'INFINITIF. | PARTICIPE PRÉSENT. | PARTICIPE PASSÉ. | PRÉSENT DE L'INDICATIF. | PASSÉ DÉFINI. |
|---|---|---|---|---|---|
| PREMIÈRE CONJUGAISON. | Aimer. | Aimant. | Aimé. | J'aime. | J'aimai. |
| SECONDE CONJUGAISON. | Finir. Sentir. Ouvrir. Tenir. | Finissant. Sentant. Ouvrant. Tenant. | Fini. Senti. Ouvert. Tenu. | Je finis. Je sens. J'ouvre. Je tiens. | Je finis. Je sentis. J'ouvris. Je tins. |
| TROISIÈME CONJUGAISON. | Recevoir. | Recevant. | Reçu. | Je reçois. | Je reçus. |
| QUATRIÈME CONJUGAISON. | Rendre. Plaire. Paraître. Réduire. Plaindre. | Rendant. Plaisant. Paraissant. Réduisant. Plaignant. | Rendu. Plu. Paru. Réduit. Plaint. | Je rends. Je plais. Je parais. Je réduis. Je plains. | Je rendis. Je plus. Je parus. Je réduisis. Je plaignis. |

Les *temps dérivés* sont formés des temps primitifs.

On appelle *temps composés*, ceux qui prennent l'auxiliaire *avoir* ou l'auxiliaire *être*; comme, j'ai aimé, je serai reçu.

*Formation des temps.*

I. Du *présent de l'indicatif* se forme l'*impératif*, en ôtant seulement le pronom *je*; exemples : *j'aime*, impératif *aime*; *je finis*, impératif *finis*; *je reçois*, impér. *reçois*; *je rends*, impér. *rends*.

*Excepté* quatre verbes : *je suis*, impér. *sois*; *j'ai*, impér. *aie*; *je vais*, impér. *va*; *je sais*, impératif *sache*.

II. Du *passé défini* se forme l'*imparfait du subjonctif*, en changeant *ai* en *asse* pour la première conjugaison : *j'aimai*, imparfait du subjonctif *que j'aimasse*; et en ajoutant seulement *se* pour les trois autres conjugaisons : *je finis*, *que je finisse*; *je reçus*, *que je reçusse*; *je rendis*, *que je rendisse*.

III. Du *présent de l'infinitif* on forme :

1° Le *futur de l'indicatif*, en changeant *r*, *oir* ou *re* en *rai*; exemples : *aimer*, *j'aimerai*; *finir*, *je finirai*; *recevoir*, *je recevrai*; *rendre*, *je rendrai*.

EXCEPTIONS. Première conjugaison. *Aller*, futur, *j'irai*; *envoyer*, *j'enverrai*.

Seconde conjugaison. *Tenir*, futur, *je tiendrai*; *venir*, *je viendrai*; *courir*, *je courrai*; *cueillir*, *je cueillerai*; *mourir*, *je mourrai*; *acquérir*, *j'acquerrai*.

Troisième conjugaison. *Avoir*, futur, *j'aurai*; *échoir*, *il écherra*; *pouvoir*, *je pourrai*; *savoir*, *je saurai; s'asseoir, je m'asseierai* ou *je m'assiérai; voir, je verrai; vouloir, je voudrai; valoir, je vaudrai; falloir, il faudra; pleuvoir, il pleuvra.*

Quatrième conjugaison. *Faire,* futur, *je ferai; être, je serai.*

2° Du *futur de l'indicatif* on forme le *conditionnel présent*, en changeant *rai* en *rais*, sans exception : *j'aimerai*, conditionnel, *j'aimerais; je finirai, je finirais; je recevrai, je recevrais; je rendrai, je rendrais.*

*Remarque. Le conditionnel* se forme directement de l'infinitif, en changeant *r, oir* ou *re* en *rais*. Les exceptions sont les mêmes que dans la formation du futur.

IV. Du *participe présent* on forme :

1° L'*imparfait de l'indicatif,* en changeant *ant* en *ais* : *aimant,* imparfait *j'aimais; finissant, je finissais; recevant, je recevais; rendant, je rendais.*

EXCEPTIONS. Il n'y a que deux exceptions : *ayant, j'avais; sachant, je savais.*

2° Du même participe, on forme la première personne plurielle du *présent de l'indicatif,* en changeant *ant* en *ons* : *aimant, nous aimons; finissant, nous finissons; recevant, nous recevons; rendant, nous rendons.*

Excepté : *étant, nous sommes; ayant, nous avons; sachant, nous savons.*

On forme aussi la seconde personne plurielle en *ez* : *vous aimez, vous finissez, vous recevez, vous rendez.*

Excepté : *faisant, vous faites; disant, vous dites.*

Et la troisième personne en *ent* : *ils aiment, ils*

*finissent*, etc. Excepté dans les verbes de la troisième conjugaison : *recevant, ils reçoivent.*

3° Du même participe présent, on forme le *présent du subjonctif,* en changeant *ant* en *e* muet, pour la première, la seconde et la quatrième conjugaison : *aimant, que j'aime; finissant, que je finisse; rendant, que je rende*; et en changeant *evant* en *oive*; pour la troisième conjugaison : *recevant, que je reçoive.*

Exceptions. Première conjugaison. *Allant, que j'aille.*

Seconde conjugaison. *Tenant, que je tienne; venant, que je vienne, acquérant, que j'acquière; mourant, que je meure.*

Troisième conjugaison. *Pouvant, que je puisse; valant, que je vaille; voulant, que je veuille* (1); *mouvant, que je meuve; falloir* qui n'a pas de participe présent, *qu'il faille.*

Quatrième conjugaison. *Buvant, que je boive; faisant, que je fasse; étant, que je sois.*

V. Du *participe passé,* on forme tous les temps composés (de deux mots), en y joignant les temps des verbes auxiliaires *avoir, être;* comme *j'ai aimé, j'ai fini, j'ai reçu, j'ai rendu; j'avais aimé, j'avais fini, j'avais reçu, j'avais rendu; j'aurai aimé, j'aurai fini, j'aurai reçu, j'aurai rendu; que j'eusse aimé, que j'eusse fini, que j'eusse reçu, que j'eusse rendu,* etc.

### VERBES IRRÉGULIERS.

On appelle *irréguliers* les verbes qui ne suivent pas toujours la règle générale des conjugaisons.

Plusieurs de ces verbes ne sont pas usités à certains temps, ni à certaines personnes.

---

(1) *Que tu veuilles, qu'il veuille, que nous voulions, que vous vouliez, qu'ils veuillent.*

# TEMPS PRIMITIFS
## DES VERBES IRRÉGULIERS.

(Voyez aux exercices 48 et 49 des instructions complètes sur la conjugaison de tous les verbes irréguliers.

| PRÉSENT DE L'INFINITIF. | PARTICIPE PRÉSENT. | PARTICIPE PASSÉ. | PRÉSENT DE L'INDICATIF. | PASSÉ DÉFINI. |
|---|---|---|---|---|
| **PREMIÈRE CONJUGAISON.** | | | | |
| Aller. | Allant. | Allé. | Je vais. | J'allai. |
| **SECONDE CONJUGAISON.** | | | | |
| Courir. | Courant. | Couru. | Je cours. | Je courus. |
| Cueillir. | Cueillant. | Cueilli. | Je cueille. | Je cueillis. |
| Fuir. | Fuyant. | Fui. | Je fuis. | Je fuis. |
| Mourir. | Mourant. | Mort. | Je meurs. | Je mourus. |
| Faillir. | Faillant. | Failli. | Je faux. | Je faillis. |
| Acquérir. | Acquérant. | Acquis. | J'acquiers. | J'acquis. |
| Saillir. | Saillant. | Sailli. | Je saille. | Je saillis. |
| Tressaillir. | Tressaillant. | Tressailli. | Je tressaille. | Je tressaillis. |
| Vêtir. | Vêtant. | Vêtu. | Je vêts. | Je vêtis. |
| Revêtir. | Revêtant. | Revêtu. | Je revêts. | Je revêtis. |
| **TROISIÈME CONJUGAISON.** | | | | |
| Choir. | | | | |
| Déchoir. | ............ | Déchu. | Je déchois. | Je déchus. |
| Échoir. | Échéant. | Échu. | J'échois. | J'échus. |
| Falloir. | ............ | Fallu. | Il faut. | Il fallut. |
| Mouvoir. | Mouvant. | Mu. | Je meus. | Je mus. |
| Pleuvoir. | Pleuvant. | Plu. | Il pleut. | Il plut. |
| Pouvoir. | Pouvant. | Pu. | Je puis. | Je pus. |
| Savoir. | Sachant. | Su. | Je sais. | Je sus. |
| S'asseoir. | S'asseyant. | Assis. | Je m'assieds. | Je m'assis. |
| Surseoir. | ............ | Sursis. | Je surseois. | Je sursis. |
| Valoir. | Valant. | Valu. | Je vaux. | Je valus. |
| Voir. | Voyant. | Vu. | Je vois. | Je vis. |
| Pourvoir. | Pourvoyant. | Pourvu. | Je pourvois. | Je pourvus. |
| Vouloir. | Voulant. | Voulu. | Je veux. | Je voulus. |

## QUATRIÈME CONJUGAISON.

| PRÉSENT DE L'INFINITIF. | PARTICIPE PRÉSENT. | PARTICIPE PASSÉ. | PRÉSENT DE L'INDICATIF. | PASSÉ DÉFINI. |
|---|---|---|---|---|
| Battre. | Battant. | Battu. | Je bats. | Je battis. |
| Boire. | Buvant. | Bu. | Je bois. | Je bus. |
| Braire. | .......... | .......... | Il brait. | .......... |
| Bruire. | Bruyant. | .......... | .......... | .......... |
| Circoncire. | .......... | Circoncis. | Je circoncis. | Je circoncis. |
| Clore. | .......... | Clos. | Je clos. | .......... |
| Conclure. | Concluant. | Conclu. | Je conclus. | Je conclus. |
| Confire. | .......... | Confit. | Je confis. | Je confis. |
| Coudre. | Cousant. | Cousu. | Je couds. | Je cousis. |
| Croire. | Croyant. | Cru. | Je crois. | Je crus. |
| Dire. | Disant. | Dit. | Je dis. | Je dis. |
| Maudire. | Maudissant. | Maudit. | Je maudis. | Je maudis. |
| Ecrire. | Ecrivant. | Ecrit. | J'écris. | J'écrivis. |
| Exclure. | Excluant. | Exclu. | J'exclus. | J'exclus. |
| Faire. | Faisant. | Fait. | Je fais. | Je fis. |
| Prendre. | Prenant. | Pris. | Je prends. | Je pris. |
| Lire. | Lisant. | Lu. | Je lis. | Je lus. |
| Luire. | Luisant. | Lui. | Je luis. | .......... |
| Mettre. | Mettant. | Mis. | Je mets. | Je mis. |
| Moudre. | Moulant. | Moulu. | Je mouds. | Je moulus. |
| Naître. | Naissant. | Né. | Je nais. | Je naquis. |
| Nuire. | Nuisant. | Nui. | Je nuis. | Je nuisis. |
| Rire. | Riant. | Ri. | Je ris. | Je ris. |
| Rompre. | Rompant. | Rompu. | Je romps. | Je rompis. |
| Absoudre. | Absolvant. | Absous. | J'absous. | .......... |
| Résoudre. | Résolvant. | Résous et Résolu. | Je résous. | Je résolus. |
| Suffire. | Suffisant. | Suffi. | Je suffis. | Je suffis. |
| Suivre. | Suivant. | Suivi. | Je suis. | Je suivis. |
| Traire. | Trayant. | Trait. | Je trais. | .......... |
| Vaincre. | Vainquant. | Vaincu. | Je vaincs * | Je vainquis. |
| Vivre. | Vivant. | Vécu. | Je vis. | Je vécus. |

Nous ne marquons pas les verbes *composés*, parce qu'ils suivent la conjugaison de leurs *simples* ; par exemple, les composés *promettre*, *admettre*, etc., se conjuguent comme le verbe simple *mettre*.

* Le présent et l'imparfait de ce verbe sont de peu d'usage.

Au moyen de cette table, et des règles que nous avons données sur la formation des temps, il n'y a point de verbe qu'on ne puisse conjuguer.

*Accord du verbe avec son sujet.*

On appelle *sujet* d'un verbe, ce qui est ou ce qui fait la chose exprimée par le verbe (1). On trouve le sujet d'un verbe, en mettant *qui est-ce qui* devant le verbe. La réponse à cette question indique le *sujet*. Quand je dis, l'*enfant est sage*; *qui est-ce qui est sage?* réponse, *l'enfant* : voilà le sujet du verbe *est*. *Le lièvre court*; *qui est-ce qui court?* réponse, *le lièvre* : voilà le sujet du verbe *court*.

*Remarque.* Le verbe et son sujet forment ce qu'on appelle une proposition; ainsi, *le lièvre court* est une proposition; *l'enfant est sage* est une autre proposition.

### RÈGLE.

Tout verbe doit être du même nombre et de la même personne que son sujet.

EXEMPLE. *Je parle* : *parle* est du nombre singulier et de la première personne, parce que *je*, son sujet, est du singulier et de la première personne. *Vous parlez tous deux* : *parlez* est au nombre pluriel, et de la seconde personne, parce que *vous* est au nombre pluriel et de la seconde personne.

---

(1) Le *sujet* est la personne ou l'objet dont le verbe affirme la qualité, la manière d'être : *l'enfant est sage*; l'enfant est le sujet, car le verbe affirme que *sage* est la qualité qui convient à *l'enfant*.

*Première remarque.* Quand un verbe a deux sujets singuliers, on met ce verbe au pluriel.

Exemple. *Mon frère et ma sœur* lisent.

*Deuxième remarque.* Quand les deux sujets sont de différentes personnes, on met le verbe à la personne qui l'emporte sur les autres : la première personne l'emporte sur la seconde, et la seconde, sur la troisième.

Exemples. *Vous et moi* nous lisons.

*Vous et votre frère* vous lisez.

(La politesse française veut qu'on nomme d'abord la personne à qui l'on parle, et qu'on se nomme le dernier.)

### VERBE ACTIF.

#### RÉGIME DIRECT DES VERBES ACTIFS.

On appelle *verbe actif* celui qui a un *régime direct*. Le verbe actif exprime une action faite par le sujet et supportée par le régime direct.

On reconnaît qu'un verbe est *actif*, quand après ce verbe on peut mettre *quelqu'un, quelque chose*; *aimer, réciter* sont des verbes actifs, parce qu'on peut dire, *j'aime quelqu'un, je récite quelque chose*. Par exemple, *j'aime Dieu*; ce mot qui suit le verbe actif, s'appelle le *régime direct* de ce verbe. On connaît le régime direct, en mettant, après le verbe, *qui?* pour les personnes, et *quoi?* pour les choses. Exemple : *J'aime qui?* réponse *Dieu.* Dieu est le régime direct du verbe *j'aime. Je récite ma leçon*; *je récite quoi?* réponse, *ma leçon*; *ma leçon* est le régime direct du verbe *je récite* (1).

---

(1) Voyez 51ᵉ exercice, note sur le régime direct.

### RÈGLE.

Le régime *direct* d'un verbe actif se place ordinairement après le verbe.

EXEMPLES. *J'aime Dieu.*

*Le chat mange la souris*; *la souris* est le régime direct du verbe *mange*.

Mais quand le régime est un pronom, il se met devant le verbe.

EXEMPLE. *Je* vous *aime*, pour *j'aime* vous: *il* m'*aime*, pour *il aime* moi.

*Remarque*. Outre le régime *direct*, certains verbes actifs peuvent avoir un second régime qu'on appelle *indirect*; ce second régime se marque par les mots *à, de, pour, par, sur, dans, avec*, etc., appelés prépositions : comme *donner une image à l'enfant*; *enseigner la grammaire à l'enfant*; *écrire une lettre à son ami*; *à l'enfant*, est le régime indirect des verbes *donner, enseigner*: *à son ami*, est le régime indirect du verbe *écrire. Accuser quelqu'un de mensonge*; *délivrer quelqu'un du danger*; *cueillir des fleurs pour sa mère* : *de mensonge* est le régime indirect du verbe *accuser*; *du danger* est le régime indirect de *délivrer*; *pour sa mère*, est le régime indirect de *cueillir*.

### VERBE PASSIF.

Tout verbe actif a un passif : ce passif se forme, en prenant le régime *direct* de l'actif, pour en faire le *sujet* du verbe passif, et en ajoutant après le verbe le mot *par* ou *de*. Ainsi, pour tourner par le passif cette phrase, *le chat mange la souris*, dites : *la souris est mangée par le chat*;

*j'aime mon père tendrement,* dites : *mon père est tendrement aimé de moi.*

Le verbe passif est le contraire du verbe actif. Le verbe actif présente le *sujet* comme faisant une action supportée par le *régime direct*; exemple : *le chat mange la souris;* tandis que le verbe *passif* présente le *sujet* comme supportant l'action faite par le *régime indirect*; exemple, *la souris est mangée par le chat.*

*Remarque.* Le verbe *avoir*, quoiqu'il soit actif, ne s'emploie jamais au passif; on ne dit pas, *je suis eu, tu es eu, il est eu.* Pour exprimer le passif du verbe *avoir*, on prend le passif du verbe *posséder.* Exemple, *j'ai un livre, un livre est possédé par moi.*

## CONJUGAISON DES VERBES PASSIFS.

Il n'y a qu'une seule conjugaison pour tous les verbes passifs; elle se fait avec l'auxiliaire *être* dans tous ses temps, et le participe passé du verbe que l'on veut conjuguer.

### INDICATIF.

#### Présent.

Je suis aimé, *ou* aimée.
Tu es aimé, *ou* aimée.
Il est aimé, *ou* elle est aimée.
Nous sommes aimés, *ou* aimées.
Vous êtes aimés, *ou* aimées.
Ils sont aimés, *ou* elles sont aimées.

#### Imparfait.

J'étais aimé, *ou* aimée.
Tu étais aimé, *ou* aimée.
Il était aimé, *ou* elle était aimée.
Nous étions aimés, *ou* aiaimées.
Vous étiez aimés, *ou* aimées.
Ils étaient aimés, *ou* elles étaient aimées.

### Passé défini.

Je fus aimé, *ou* aimée.
Tu fus aimé, *ou* aimée.
Il fut aimé, *ou* elle fut aimée.
Nous fûmes aimés, *ou* aimées.
Vous fûtes aimés, *ou* aimées.
Ils furent aimés, *ou* elles furent aimées.

### Passé indéfini.

J'ai été aimé, *ou* aimée.
Tu as été aimé, *ou* aimée.
Il a été aimé, *ou* elle a été aimée.
Nous avons été aimés, *ou* aimées.
Vous avez été aimés, *ou* aimées.
Ils ont été aimés, *ou* elles ont été aimées.

### Passé antérieur.

J'eus été aimé, *ou* aimée.
Tu eus été aimé, *ou* aimée.
Il eut été aimée, *ou* elle eut été aimée.
Nous eûmes été aimés, *ou* aimées.
Vous eûtes été aimés, *ou* aimées.
Ils eurent été aimés, *ou* elles eurent été aimées.

### Plus-que-parfait.

J'avais été aimé, *ou* aimée.
Tu avais été aimé, *ou* aimée.
Il avait été aimé, *ou* elle avait été aimée.
Nous avions été aimés *ou* aimées.
Vous aviez été aimés, *ou* aimées.
Ils avaient été aimés, *ou* elles avaient été aimées.

### Futur.

Je serai aimé, *ou* aimée.
Tu seras aimé, *ou* aimée.
Il sera aimée, *ou* elle sera aimée.
Nous serons aimés, *ou* aimées.
Vous serez aimés, *ou* aimées.
Ils seront aimés, *ou* elles seront aimées.

### Futur antérieur.

J'aurai été aimé, *ou* aimée.
Tu auras été aimé, *ou* aimée.
Il aura été aimé, *ou* elle aura été aimée.
Nous aurons été aimés, *ou* aimées.
Vous aurez été aimés, *ou* aimées.
Ils auront été aimés, *ou* elles auront été aimées.

## CONDITIONNEL.
### Présent.

Je serais aimé, *ou* aimée.
Tu serais aimé, *ou* aimée.

Il serait aimé *ou* elle serait aimée.
Nous serions aimés, *ou* aimées.
Vous seriez aimés, *ou* aimées.
Ils seraient aimés, *ou* elles seraient aimées.

### PASSÉ.

J'aurais été aimé, *ou* aimée.
Tu aurais été aimé, *ou* aimée.
Il aurait été aimé, *ou* elle aurait été aimée.
Nous aurions été aimés, *ou* aimées.
Vous auriez été aimés, *ou* aimées.
Ils auraient été aimés, *ou* elles auraient été aimées.

On dit aussi : *j'eusse été aimé, ou aimée; tu eusses été aimé, ou aimée; il eût été aimé, ou elle eût été aimée; nous eussions été aimés, ou aimées; vous eussiez été aimés, ou aimées; ils eussent été aimés, ou elles eussent été aimées.*

## IMPÉRATIF.

*Sing.* ......
    Sois aimé, *ou* aimée.
    ......
*Plur.* Soyons aimés, *ou* aimées.
    Soyez aimés, *ou* aimées.
    ......

## SUBJONCTIF.

### PRÉSENT *ou* FUTUR.

Que je sois aimé, *ou* aimée.
Que tu sois aimé, *ou* aimée.
Qu'il soit aimé, *ou* qu'elle soit aimée.
Que nous soyons aimés, *ou* aimées.
Que vous soyez aimés, *ou* aimées.
Qu'ils soient aimés, *ou* qu'elles soient aimées.

### IMPARFAIT.

Que je fusse aimé, *ou* aimée.
Que tu fusses aimé, *ou* aimée.
Qu'il fût aimé, *ou* qu'elle fût aimée.
Que nous fussions aimés, *ou* aimées.
Que vous fussiez aimés, *ou* aimées.
Qu'ils fussent aimés, *ou* qu'elles fussent aimées.

### PASSÉ.

Que j'aie été aimé, *ou* aimée.
Que tu aies été aimé, *ou* aimée.
Qu'il ait été aimé, *ou* qu'elle ait été aimée.
Que nous ayons été aimés, *ou* aimées.
Que vous ayez été aimés, *ou* aimées.

Qu'ils aient été aimés, *ou* qu'elles aient été aimées.

**INFINITIF.**

PRÉSENT.

Être aimé, *ou* aimée.

PLUS-QUE-PARFAIT.

Que j'eusse été aimé, *ou* aimée.

Que tu eusses été aimé, *ou* aimée.

Qu'il eût été aimé, *ou* qu'elle eût été aimée.

Que nous eussions été aimés, *ou* aimées.

Que vous eussiez été aimés, *ou* aimées.

Qu'ils eussent été aimés, *ou* qu'elles eussent été aimées.

PASSÉ.

Avoir été aimé, *ou* aimée.

**PARTICIPE.**

PRÉSENT.

Étant aimé, *ou* aimée.

PASSÉ.

Ayant été aimé, *ou* aimée.

FUTUR.

Devant être aimé, *ou* aimée.

Ainsi se conjuguent *être fini*, *être reçu*, *être rendu*, etc., etc.

*Régime indirect des verbes passifs.*

Les verbes passifs peuvent avoir un régime indirect.

*Règle.* On met *de* ou *par* devant le substantif ou le pronom qui suit le verbe passif.

EXEMPLES. *La souris est mangée* par *le chat.* *Un enfant sage est aimé* de *ses parents.*

*Remarque.* N'employez jamais *par* avec le substantif Dieu ; dites :

*Les méchants seront punis* de *Dieu*, et non pas *seront punis* par *Dieu.*

## VERBES NEUTRES.

Le verbe *neutre* exprime l'état du *sujet*, ou une action faite par le *sujet*, mais il n'a pas de régime direct.

On reconnaît qu'un verbe est *neutre*, quand on ne peut pas mettre après ce verbe *quelqu'un* ni *quelque chose* : *languir, dormir*, sont des verbes neutres, parce qu'on ne peut pas dire, *je languis quelqu'un, je dors quelque chose* (1), etc. (On les appelle *neutres*, parce qu'ils ne sont ni *actifs ni passifs*.)

La plupart des verbes neutres se conjuguent comme les verbes actifs, avec l'auxiliaire *avoir* : *je dors, j'ai dormi, j'avais dormi, j'aurais dormi*, etc.

Mais il y a des verbes neutres qui se conjuguent dans leurs temps composés avec l'auxiliaire *être*, comme *venir, arriver, tomber*, etc.

## CONJUGAISON DES VERBES NEUTRES.

INDICATIF.
PRÉSENT.

Je tombe.
Tu tombes.
Il *ou* elle tombe.
Nous tombons.
Vous tombez.
Ils *ou* elles tombent.

---

(1) Ce moyen n'est pas toujours bon. *Sortir* est un verbe neutre, et cependant on dit, *sortez ce cheval de l'écurie* (Académie). C'est que certains verbes neutres peuvent être employés comme verbes actifs. *Règle générale*. Quand dans la phrase, un verbe a un régime direct, il est actif; quand il n'a pas de régime direct, il est neutre.

5

## IMPARFAIT.

Je tombais.
Tu tombais.
Il *ou* elle tombait.
Nous tombions.
Vous tombiez.
Ils *ou* elles tombaient.

## PASSÉ DÉFINI.

Je tombai.
Tu tombas.
Il *ou* elle tomba.
Nous tombâmes.
Vous tombâtes.
Ils *ou* elles tombèrent.

## PASSÉ INDÉFINI.

Je suis tombé, *ou* tombée.
Tu es tombé, *ou* tombée.
Il est tombé, *ou* elle est tombée.
Nous sommes tombés, *ou* tombées.
Vous êtes tombés, *ou* tombées.
Ils sont tombés, *ou* elles sont tombées.

## PASSÉ ANTÉRIEUR.

Je fus tombé, *ou* tombée.
Tu fus tombé, *ou* tombée.
Il fut tombé, *ou* elle fut tombée.
Nous fûmes tombés, *ou* tombées.
Vous fûtes tombés, *ou* tombées.
Ils furent tombés, *ou* elles furent tombées.

## PLUS-QUE-PARFAIT.

J'étais tombé, *ou* tombée.
Tu étais tombé, *ou* tombée.
Il était tombé, *ou* elle était tombée.
Nous étions tombés, *ou* tombées.
Vous étiez tombés, *ou* tombées.
Ils étaient tombés, *ou* elles étaient tombées.

## FUTUR.

Je tomberai.
Tu tomberas.
Il *ou* elle tombera.
Nous tomberons.
Vous tomberez.
Ils *ou* elles tomberont.

## FUTUR ANTÉRIEUR.

Je serai tombé, *ou* tombée.
Tu seras tombé, *ou* tombée.
Il sera tombé, *ou* elle sera tombée.
Nous serons tombés, *ou* tombées.
Vous serez tombés, *ou* tombées.
Ils seront tombés, *ou* elles seront tombées.

## CONDITIONNEL.
### Présent.
Je tomberais.
Tu tomberais.
Il *ou* elle tomberait.
Nous tomberions.
Vous tomberiez.
Ils *ou* elles tomberaient.

### Passé.
Je serais tombé, *ou* tombée.
Tu serais tombé, *ou* tombée.
Il serait tombé, *ou* elle serait tombée.
Nous serions tombés, *ou* tombées.
Vous seriez tombés, *ou* tombées.
Ils seraient tombés, *ou* elles seraient tombées.

On dit aussi : *je fusse tombé, ou tombée; tu fusses tombé, ou tombée; il fût tombé, ou elle fût tombée; nous fussions tombés, ou tombées; vous fussiez tombés, ou tombées; ils fussent tombés, ou elles fussent tombées.*

## IMPÉRATIF.
......
Sing. Tombe.
......
Plur. Tombons.
Tombez.
......

## SUBJONCTIF.
### Présent *ou* Futur.
Que je tombe.
Que tu tombes.
Qu'il *ou* qu'elle tombe.
Que nous tombions.
Que vous tombiez.
Qu'ils *ou* qu'elles tombent.

### Imparfait.
Que je tombasse.
Que tu tombasses.
Qu'il *ou* qu'elle tombât.
Que nous tombassions.
Que vous tombassiez.
Qu'ils *ou* qu'elles tombassent.

### Passé.
Que je sois tombé, *ou* tombée.
Que tu sois tombé, *ou* tombée.
Qu'il soit tombé, *ou* qu'elle soit tombée.
Que nous soyons tombés, *ou* tombées.
Que vous soyez tombés, *ou* tombées.
Qu'ils soient tombés, *ou* qu'elles soient tombées.

### Plus-que-parfait.
Que je fusse tombé, *ou* tombée.
Que tu fusses tombé, *ou* tombée.

Qu'il fût tombé, *ou* qu'elle fût tombée.
Que nous fussions tombés, *ou* tombées.
Que vous fussiez tombés, *ou* tombées.
Qu'ils fussent tombés, *ou* qu'elles fussent tombées.

**INFINITIF.**

PRÉSENT.

Tomber.

PASSÉ.

Être tombé, *ou* tombée.

**PARTICIPE.**

PRÉSENT.

Tombant.

PASSÉ.

Tombé, tombée, étant tombé.

FUTUR.

Devant tomber.

Conjuguez de même les verbes *aller, arriver, déchoir, décéder, entrer, sortir, mourir, partir, rester, descendre, monter, passer, venir,* et ses composés, *devenir, survenir, revenir, parvenir,* etc., etc.

Il y a des verbes neutres qui ont un régime *indirect*.

*Régime indirect des verbes neutres.*

*Règle.* On met *à, de, sur, sous, dans, pendant,* etc., devant le substantif ou le pronom qui suit le verbe neutre.

**EXEMPLES.**

*Nuire* à *la santé.*
*Plaire* au *Seigneur.*
*Convenir* à *quelqu'un.*
*Entrer* dans *la maison.*
*Passer* sous *la table.*

*Médire* de *quelqu'un.*
*Profiter* des *leçons.*
*Jouir* de *la liberté.*
*Monter* sur *le toit.*
*Dormir* pendant *la nuit.*

## VERBES RÉFLÉCHIS ou PRONOMINAUX.

On appelle verbes *réfléchis* où *pronominaux*, ceux dont le sujet et le régime sont la même personne, comme *je me flatte*, *tu te loues*, *il se blesse*, etc. A l'infinitif, ces verbes prennent le pronom *se*.

Les verbes *pronominaux* se conjuguent comme le verbe neutre *tomber*, c'est-à-dire qu'ils prennent l'auxiliaire *être* aux temps composés. Mais dans les verbes pronominaux, l'auxiliaire *être* est mis pour *avoir*; ainsi *je me suis loué* est mis pour *j'ai loué moi*.

Nous ne mettrons ici que les premières personnes.

### CONJUGAISON DES VERBES PRONOMINAUX.

#### INDICATIF.
##### Présent.
Je me repens.
Tu te repens.
Il *ou* elle se repent.
Nous nous repentons.
Vous vous repentez.
Ils *ou* elles se repentent.

##### Imparfait.
Je me repentais, etc.

##### Passé défini.
Je me repentis, etc.

##### Passé indéfini.
Je me suis repenti, *ou* repentie, etc.

##### Passé antérieur.
Je me fus repenti, *ou* repentie.

##### Plus-que-parfait.
Je m'étais repenti, *ou* repentie.

##### Futur.
Je me repentirai.

Futur antérieur.

Je me serai repenti, *ou* repentie.

## CONDITIONNEL.
### Présent.

Je me repentirais.

### Passé.

Je me serais repenti, *ou* repentie.

On dit aussi : *je me fusse repenti ou repentie.*

## IMPÉRATIF.

Sing. ......
 Repens-toi,
......
Plur. Repentons-nous.
 Repentez-vous.
......

## SUBJONCTIF.
### Présent *ou* Futur.

Que je me repente.

### Imparfait.

Que je me repentisse.

### Passé.

Que je me sois repenti, *ou* repentie.

### Plus-que-parfait.

Que je me fusse repenti, *ou* repentie.

## INFINITIF.
### Présent.

Se repentir.

### Passé.

S'être repenti, *ou* repentie.

## PARTICIPE.
### Présent.

Se repentant.

### Passé.

Repenti, s'étant repenti, *ou* repentie.

### Futur.

Devant se repentir.

*Remarque.* Me, te, se, nous, vous, sont quelquefois régime *direct* des verbes pronominaux, comme *je me flatte,* c'est-à-dire *je flatte* moi ; *tu te blesseras,* c'est-à-dire *tu blesseras* toi ; et quelquefois ils sont régime *indirect,* comme dans cet exemple : *je me fais une loi,* c'est-à-dire *je fais* à moi *une loi ; il s'est fait honneur,* c'est-à-dire *il a fait honneur* à soi, à lui, etc.

Si le verbe pronominal a un régime direct, il est

*actif pronominal*, exemple, *je me blesse, nous* nous *flattons*; s'il n'a pas de régime direct, il est *neutre pronominal*, exemple, *tu te plais à mal faire*, c'est-à-dire *tu plais* à toi, etc.

## VERBES IMPERSONNELS.

On appelle verbe *impersonnel* celui qui ne s'emploie dans tous les temps qu'à la troisième personne du singulier; comme *il faut, il importe, il pleut*, etc. Il se conjugue à cette troisième personne comme les autres verbes.

### CONJUGAISON DES VERBES IMPERSONNELS.

**INDICATIF.**

PRÉSENT.
Il faut.

IMPARFAIT.
Il fallait.

PASSÉ DÉFINI.
Il fallut.

PASSÉ INDÉFINI.
Il a fallu.

PASSÉ ANTÉRIEUR.
Il eut fallu.

PLUS-QUE-PARFAIT.
Il avait fallu.

FUTUR.
Il faudra.

FUTUR ANTÉRIEUR.
Il aura fallu.

**CONDITIONNEL.**

PRÉSENT.
Il faudrait.

PASSÉ.
Il aurait fallu.

**SUBJONCTIF.**

PRÉSENT *ou* FUTUR.
Qu'il faille.

IMPARFAIT.
Qu'il fallût.

PASSÉ.
Qu'il ait fallu.

PLUS-QUE-PARFAIT.
Qu'il eût fallu.

| INFINITIF. | PARTICIPE. |
|---|---|
| Présent. | Passé. |
| Falloir. | Ayant fallu. |

*Remarque.* Les verbes *impersonnels* sont *neutres* de leur nature, car ils n'ont jamais de régime direct. Leur sujet est toujours le pronom *il*, pris impersonnellement, c'est-à-dire ne tenant la place d'aucun substantif. Ainsi le mot *il* ne marque un verbe *impersonnel* que lorsqu'on ne peut pas mettre un substantif à sa place; car, lorsqu'en parlant d'un enfant, on dit, *il joue*, ce n'est pas un impersonnel, parce qu'à la place du mot *il*, on peut mettre *l'enfant*, et dire, *l'enfant joue*.

## CHAPITRE VI.

### SIXIÈME ESPÈCE DE MOTS.

#### LE PARTICIPE.

Le *Participe* est un mot qui tient du verbe et de l'adjectif, comme *aimant, aimé*. Il tient du verbe en ce qu'il en a la signification et le régime; *aimant Dieu, aimé de Dieu*; il tient aussi de l'adjectif, en ce qu'il qualifie une personne ou une chose, c'est-à-dire qu'il exprime la manière dont cette personne ou cette chose existe, comme *vieillard honoré, vertu éprouvée*.

#### PARTICIPE PRÉSENT.

*Aimant, finissant, recevant, rendant.*
*Règle.* Le participe présent ne varie jamais, c'est-à-dire qu'il ne prend ni genre ni nombre:

## EXEMPLES.

*Un homme* lisant.   *Une femme* lisant.
*Des hommes* lisant.   *Des femmes* lisant.

*Remarque.* Il ne faut pas confondre avec le participe présent certains adjectifs verbaux (c'est-à-dire qui viennent des verbes). On dit, *un homme* obligeant, *une femme* obligeante; ce ne sont pas des participes, parce qu'ils n'ont pas de régime. Mais quand je dis, *cette femme est d'un bon caractère*, obligeant *tout le monde, quand elle peut*; *obligeant* est ici *participe*; puisqu'il a le régime *tout le monde* (1).

L'adjectif verbal suit la règle des adjectifs, c'est-à-dire qu'il s'accorde avec le substantif auquel il se rapporte. *Un homme* obligeant, *une femme* obligeante; *des hommes* obligeants.

### PARTICIPE PASSÉ.

*Aimé, fini, reçu, rendu.*
Si le participe passé n'est accompagné ni de l'auxiliaire *être*, ni de l'auxiliaire *avoir*, il est adjectif, et s'accorde avec le mot auquel il se rapporte.

## EXEMPLES.

*Des enfants* aimés.
*Une affaire* finie.

Le participe passé, accompagné d'un auxiliaire s'accorde avec son sujet ou avec son régime direct.

---

(1) Cette remarque de Lhomond est insuffisante. *Voyez* 69ᵉ Exercice.

*Première règle.* Le participe passé, quand il est accompagné du verbe auxiliaire *être*, s'accorde en genre et en nombre avec son sujet, c'est-à-dire que l'on ajoute *e* si le sujet est féminin, et *s* si le sujet est pluriel.

### EXEMPLES.

| | |
|---|---|
| *Mon frère* a été puni. | *Ma sœur* a été punie (1). |
| *Mes frères* ont été punis. | *Mes sœurs* ont été punies. |
| *Mon frère* est tombé. | *Ma sœur* est tombée. |
| *Mes frères* sont tombés. | *Mes sœurs* sont tombées. |

*Remarque.* Dans les temps composés des verbes *pronominaux*, le participe ne s'accorde pas avec son sujet. On dit d'une femme, *elle s'est* mis *cela dans la tête* (et non pas *mise*); *quelques païens se sont* donné *la mort* (et non pas *donnés*). Parce que dans les verbes pronominaux le verbe *être* est mis pour *avoir*.) Voyez remarque I<sup>re</sup> sur l'application de la deuxième règle).

*Deuxième règle.* Le participe passé, accompagné de l'auxiliaire *avoir*, s'accorde avec son régime direct, quand ce régime est avant le participe; mais si le régime direct est placé après le participe, ce participe reste invariable.

### EXEMPLES.

| | |
|---|---|
| *Mon père* a écrit *des lettres.* | *Ma mère* a écrit *des lettres.* |
| *Mes frères* ont écrit *des lettres.* | *Mes sœurs* ont écrit *des lettres.* |

(Le participe *écrit* ne change point, parce que

---

(1) Le participe *été* n'a ni féminin ni pluriel; on dit : *elle a été, ils ont été.*

le régime direct *une lettre* est placé après ce participe.)

*La lettre* que *vous m'avez* écrite.

(Le participe *écrite* s'accorde avec son régime direct *que*, se rapportant à *lettre*, parce que ce régime est placé avant le participe.)

*Les lettres* que *vous m'avez* écrites.

(Le participe *écrites* s'accorde avec son régime direct *que*, se rapportant à *lettres*, parce que ce régime est placé avant le participe.)

Par la même raison, le participe s'accorde avec son régime direct dans les phrases suivantes :

*La lettre* que *vous avez* apportée, *je l'ai* lue.
*Les livres* que *j'avais* prêtés, *on les a* rendus.
*Quelle affaire avez-vous* entreprise?
*Combien* d'ennemis *n'a-t-il pas* vaincus!

Le régime direct, mis devant le participe, est ordinairement l'un des pronoms *que, me, te, se, l', le, la, les, nous, vous*.

*Remarques sur l'application de la deuxième règle.*

1. Dans les temps composés des verbes *pronominaux*, l'auxiliaire *être* est employé pour *avoir*; *je me suis blessé*, signifie *j'ai blessé moi*; le participe des verbes pronominaux est donc soumis à la deuxième règle; c'est-à-dire qu'il s'accorde avec son régime direct, si ce régime est placé avant, et qu'il reste invariable, si le régime direct est après.

### EXEMPLES.

*Elle s'est* flattée, c'est-à-dire, *elle a flatté* soi, elle; *s'* régime direct.

*Elle s'est* mis *cela dans la tête*, c'est-à-dire, *elle a mis cela* en soi, en elle, dans sa tête. *Se* est régime indirect, et le mot *cela*, régime direct, est placé après le participe.

*Quelques païens* se sont donné *la mort*; ont donné la mort à soi, à eux; *régime indirect.*

*Quand la race de Caïn* se *fut multipliée*; eut multiplié soi, elle; *régime direct.*

II. Les participes passés des verbes neutres accompagnés de l'auxiliaire *avoir* sont toujours invariables; car les verbes neutres n'ont pas de régime direct. Exemples : *Notre paresse* nous *a* nui; c'est-à-dire *a nui à nous*; *les jours* que *j'ai vécu*; c'est-à-dire *pendant lesquels j'ai vécu.*

III. Le participe passé des verbes impersonnels est toujours invariable, car les verbes impersonnels n'ont jamais de régime direct, et ils ont toujours pour sujet le pronom *il*; masculin, singulier. Exemples. *Les chaleurs qu'il y a* eu; *il est* arrivé de grands malheurs.

IV. Le participe passé entre deux *que* reste invariable, parce que le premier *que* n'est point régime direct du participe, mais du verbe qui suit ce participe.

Exemple. *La lettre* que j'ai présumé que *vous recevriez.*

Le premier que, se rapportant à lettre, est régime direct du verbe *recevriez*, et non du participe.

V. Le participe passé *fait*, suivi d'un infinitif, est toujours invariable. Exemple. *Les bottes que j'ai* fait faire; *les leçons que j'ai* fait réciter.

VI. 1° Le participe passé immédiatement suivi d'un infinitif s'accorde, quand l'infinitif peut être remplacé par un autre temps du verbe.

### EXEMPLES.

Les peintres que j'ai vus *dessiner*.
Je les ai entendus *blâmer* cette action.

(On peut dire : *les peintres que j'ai vus*, dessinaient; *je les ai entendus*, ils blâmaient *cette action*.)

2° Le participe, immédiatement suivi d'un infinitif, ne s'accorde pas, quand l'infinitif ne peut pas être remplacé par un autre temps du verbe.

### EXEMPLES.

Les paysages que j'ai vu *dessiner*.
Je les ai entendu *blâmer* par leur parents.

(On ne peut pas dire : *les paysages que j'ai vus*, dessinaient; *je les ai entendus*, ils blâmaient *par leurs parents*.)

3° Si l'infinitif est sous-entendu, le participe reste invariable.

### EXEMPLE.

*Il a obtenu toutes les grâces qu'il a voulu.*

Sous-entendu *obtenir*.

VII. Lorsque le pronom *en* tient la place du régime direct, le participe reste au masculin et au singulier, parce que le mot *en* est toujours du masculin et du singulier. Exemple : *Avez-vous reçu des lettres? J'en ai reçu.*

VIII. Si le régime direct est le pronom *l'* (mis pour le), tenant la place d'un membre de phrase, le participe reste invariable. Exemple : *Cette pomme n'est pas aussi bonne que je l'avais* cru, c'est-à-dire *que j'avais cru qu'elle était bonne.*

## CHAPITRE VII.

### SEPTIÈME ESPÈCE DE MOTS.

#### L'ADVERBE.

L'ADVERBE est un mot qui se joint ordinairement au verbe ou à l'adjectif, pour en modifier la signification ; c'est-à-dire pour lui donner un sens particulier, et que n'aurait pas l'adjectif ou le verbe, s'il n'était pas accompagné de l'adverbe.

Par exemple, si l'on dit : *cet enfant mange* proprement, le mot *proprement* donne au verbe *mange* un sens particulier, que ce verbe n'aurait point, si l'on disait seulement, *cet enfant mange*.

L'adverbe peut aussi modifier un autre adverbe; exemple, *il a répondu* très-poliment.

1°. Il y a des adverbes qui marquent la *manière*, la *qualité*; ils sont presque tous terminés en *ment*, et ils se forment des adjectifs, comme *sagement* de *sage*, *poliment* de *poli*, *agréablement* d'*agréable*, *modestement* de *modeste*.

Autres adverbes de manière : *à tort, à regret, à la hâte, à la mode, par hasard, avec soin; comment, en vain, exprès.*

2° Il y a des adverbes qui marquent l'*ordre*, le *rang*, comme *premièrement, secondement, d'abord, ensuite, après, auparavant.* Exemple : d'abord, *il faut éviter le mal*, ensuite, *il faut faire le bien*.

3° Il y a des adverbes qui marquent le *lieu*, comme *où, ici, là, en deçà, au delà, dessus, au-dessus, devant, derrière, partout; auprès, à côté, loin, dedans, dehors, ailleurs, autour, en haut, en bas,* etc. Exemples: *où êtes-vous? je suis* ici, *je vais* là.

4° Il y a des adverbes de *temps*, comme *hier, avant-hier, autrefois, jadis, aujourd'hui, bientôt, tantôt, plus tôt, souvent, toujours, jamais, dans peu, depuis peu, puis,* etc. Exemple : *cet enfant joue* toujours, *et ne s'applique* jamais.

5° Il y a des adverbes de *quantité*, comme *beaucoup, bien, peu, assez, trop, tant, si, fort, très, mieux, le plus, au plus, le moins, au moins, tout, tout-à-fait, davantage, presque, encore,* etc.

*Remarque.* Le mot *si* n'est adverbe que quand il signifie *tellement, à tel point*, comme dans, *le vent est* si *grand, qu'il rompt tous les arbres ;* autrement le mot *si* est conjonction.

6° Il y a des adverbes *d'affirmation*, de *négation* et de *doute*, comme *oui, sans doute, certes, vraiment, soit, d'accord, volontiers, non, ne, ne pas, ne point, point du tout, nullement, nulle part, peut-être.*

7° Enfin il y a des adverbes de *comparaison*, comme *plus, moins, aussi, autant,* etc. Exemple: plus *sage,* aussi *sage,* moins *sage que vous.*

*Remarque.* Certains adjectifs sont quelquefois employés comme adverbes ; on dit : chanter *juste,* parler *bas,* voir *clair,* rester *court,* frapper *fort,* sentir *bon,* etc.

## CHAPITRE VIII.

### HUITIÈME ESPÈCE DE MOTS.

#### LA PRÉPOSITION.

LA *Préposition* est un mot qui sert à joindre le substantif, le pronom ou le verbe suivant au mot qui le précède, en exprimant le rapport qu'il y a entre ces mots.

Par exemple, quand je dis, *le fruit de l'arbre*, la préposition *de* marque le rapport qu'il y a entre *fruit* et *arbre*, c'est un rapport d'origine; le fruit vient de l'arbre; quand je dis, *nous allons à Paris*, *à* exprime le rapport qu'il y a entre le substantif *Paris* et le verbe *nous allons*, c'est un rapport de *but* ou de *lieu*, etc. *De* et *à* sont des prépositions; le mot qui suit s'appelle le *régime* de la *préposition*.

Cette espèce de mots s'appelle *préposition*, parce qu'elle se met ordinairement devant le mot qu'elle régit.

#### PRÉPOSITIONS FRANÇAISES.

*Pour marquer la place, ou le lieu.*

*A*. Attacher *à* la muraille : vivre *à* Paris : aller *à* Rome.
*Dans*. Être *dans* la maison : serrer *dans* une cassette.
*En*. Être *en* Italie : voyager *en* Allemagne.
*De*. Sortir *de* la ville : venir *de* la province.
*Chez*. Être *chez* un ami : ce livre est *chez* le libraire.

*Devant.* Le berger marche *devant* le troupeau : allez *devant* moi.
*Après.* J'irai *après* vous : courir *après* quelqu'un.
*Derrière.* Les laquais vont *derrière* leurs maîtres : se cacher *derrière* un mur.
*Parmi.* Cet officier fut trouvé *parmi* les morts.
*Près de.* Nous sommes *près de* Paris.
*Sur.* Avoir son chapeau *sur* la tête : mettre un flambeau *sur* la table.
*Sous.* Mettre un tapis *sous* les pieds : tout ce qui est *sous* le ciel.
*Vers.* Les yeux levés *vers* le ciel : l'aimant se tourne *vers* le nord.

*Pour marquer l'ordre, le rang.*

*Avant.* La nouvelle est arrivée *avant* le courrier.
*Entre.* Tenir un enfant *entre* ses bras : *entre* le printemps et l'automne.
*Dès.* Cette rivière est navigable *dès* sa source : *dès* sa plus tendre enfance.
*Depuis.* ⎫ *Depuis* Paris *jusqu'à* Orléans ; *depuis*
*Jusqu'à.* ⎭ la création *jusqu'au* déluge.

*Pour marquer l'union.*

*Avec.* Manger *avec* ses amis : il est parti *avec* la fièvre.
*Pendant. Pendant* la guerre.
*Durant. Durant* la guerre.
*Outre.* Une compagnie de cent hommes, *outre* les officiers.
*Selon.* Se conduire *selon* la raison.
*Suivant. Suivant* la loi.

*Pour marquer séparation.*

*Sans.* Les soldats *sans* leurs officiers.

6.

*Hors*, *hormis*. Tout est perdu, *hors* l'honneur.
*Excepté*. Tout est perdu, *excepté* l'honneur.
*Sauf*. Tout son bien, *sauf* une terre.
*Quant à*. *Quant à* vous, vous ne viendrez pas.

*Pour marquer opposition.*

*Contre*. Les gens de bien révoltés *contre* les méchants : plaider *contre* quelqu'un.
*Malgré*. Il est parti *malgré* moi.
*Nonobstant*. Il a fait cela *nonobstant* mes représentations.

*Pour marquer le but.*

*Envers*. Charitable *envers* les pauvres : son respect *envers* ses supérieurs.
*Touchant*. Il m'a écrit *touchant* cette affaire.
*Pour*. Travailler *pour* le bien public : étudier *pour* son instruction.
*Afin de*. Etudiez *afin de* devenir savant.

*Pour marquer la cause, le moyen.*

*Par*. Fléchir *par* ses prières : tout a été créé *par* la parole de Dieu.
*Moyennant*. J'espère *moyennant* la grâce Dieu.
*Attendu*. Le courrier n'a pu partir, *attendu* le mauvais temps.

*Remarque*. Il y a des *prépositions composées*; elles sont formées :

1° D'un substantif suivi de la préposition *de* et précédé d'une des prépositions *à*, *en*; comme *au lieu de*, *à la place de*, *au moyen de*, *à cause de*, *à force de*, *à la faveur de*, *à l'abri de*, *à l'exception de*, *à l'égard de*, *à raison de*, *en raison de*, *en dépit de*, etc.

2° D'un adverbe de lieu, suivi de la préposition *de*, comme *autour de, à côté de, loin de, en deçà de, au delà de, au-dessus de, au-dessous de, auprès de*, etc.

## CHAPITRE IX.

### NEUVIÈME ESPÈCE DE MOTS.

#### LA CONJONCTION.

*Remarque*. On a vu jusqu'à présent, comment les mots se joignent ensemble pour former un sens : les mots ainsi réunis forment des *propositions* (1). La plus petite proposition doit avoir au moins deux mots, le sujet et le verbe, comme *je chante, vous lisez, l'homme meurt* : souvent le verbe a un régime, comme *je chante un air, vous lisez une lettre*, etc.

La *Conjonction* est un mot qui sert à joindre

---

(1) Voyez *Remarque, Accord du verbe avec son sujet*, page 42.
Ne confondez pas *la phrase* et *la proposition*. Tout assemblage de mots est une *phrase* ; ainsi, *il pleure et il rit en même temps*, est une phrase, et cette phrase renferme deux propositions.
La *proposition* est l'expression d'un jugement ; quand je dis : *Dieu est bon*, il y a là une proposition, parce que je juge, j'affirme que la qualité de *bon* convient à *Dieu*.
Dans toute proposition, il y a trois parties essentielles exprimées ou sous-entendues, le *sujet* (Dieu), le *verbe* (est), l'*attribut* ou *adjectif* (bon).
Dans les verbes-adjectifs, le verbe *être* et l'attribut ou adjectif sont réunis en un seul mot : *je chante* est mis pour *je suis chantant*.
Toute *proposition* est une *phrase*, puisqu'elle forme un assemblage de mots ; mais toute *phrase* n'est pas *une* proposition ; car la phrase peut se composer de deux, trois, quatre propositions.

les parties semblables d'une proposition : un substantif à un substantif (ou à un pronom), *Pierre* et *Paul; mon frère* et *moi*; un pronom à un pronom, *toi* et *moi*; un adjectif à un adjectif, *il est instruit* et *modeste*; ou bien une proposition à une proposition, *je dis* que *vous êtes aimable*. Les mots *et, que*, sont des conjonctions.

### DIFFÉRENTES SORTES DE CONJONCTIONS.

1° Pour marquer la liaison : *et, ni, que.*
2° Pour marquer opposition : *mais, cependant, néanmoins, pourtant.*
3° Pour marquer division : *ou, ou bien, soit* (répété), *soit que, tantôt* (répété).
4° Pour marquer exception : *sinon, quoique.*
5° Pour comparer : *comme, de même que, ainsi que.*
6° Pour ajouter : *de plus, d'ailleurs, outre que, encore que.*
7° Pour rendre raison : *car, parce que, puisque, vu que.*
8° Pour marquer l'intention : *afin que, de peur que.*
9° Pour conclure : *or, donc, ainsi, de sorte que.*
10° Pour marquer le temps : *quand, lorsque, comme, dès que, tandis que.*
11° Pour marquer le doute : *si, supposé que, pourvu que, en cas que.*

Il y a plusieurs autres conjonctions ; l'usage les fera connaître ; la plus ordinaire est *que*; on distingue la conjonction *que* du pronom relatif *que*, en ce qu'elle ne peut pas se tourner par *lequel, laquelle.*

### RÉGIME DES CONJONCTIONS.

Parmi les conjonctions, les unes veulent le verbe suivant au subjonctif, les autres à l'indicatif.

Voici celles qui régissent le subjonctif : *soit que, sans que, bien que, quoique, jusqu'à ce que, encore que, à moins que, pourvu que, supposé que, au cas que, avant que, non pas que, afin que, de peur que, de crainte que*, et en général quand on marque quelque doute, ou quelque souhait, comme *je souhaite, je doute* que *cet enfant soit jamais savant*.

## CHAPITRE X.

### DIXIÈME ESPÈCE DE MOTS.

#### L'INTERJECTION.

L'INTERJECTION est un mot dont on se sert pour exprimer un vif sentiment de l'âme, comme la joie, la douleur, etc.

La joie : *Ah! Bon!*
La douleur : *Aie! Ah! Hélas! Ouf!*
La crainte : *Ha! Hé!*
L'aversion : *Fi! Fi donc!*
L'admiration : *Oh!*
Pour encourager : *Çà! Allons! Courage!*
Pour appeler : *Holà! Hé!*
Pour faire taire : *Chut! Paix!*

# REMARQUES PARTICULIÈRES
## SUR CHAQUE ESPÈCE DE MOTS.
### DES LETTRES.

*H* est aspirée dans *héros*, on dit *le héros*; mais elle n'est point aspirée dans *héroïsme*; on dit : *l'héroïsme de la vertu*.

La lettre *l*, au milieu et à la fin des mots, quand elle est précédée d'un *i*, est ordinairement mouillée, et se prononce comme à la fin de ces mots : *soleil, orgueil, famille, bouillir*.

On écrit *œil*, que l'on prononce comme *euil*.

*S* entre deux voyelles se prononce comme *z*. Exemple : *maison, poison*; excepté les mots *préséance, présupposer*, où la prononciation de la lettre *s* est dure.

*D*, à la fin du mot *grand* se prononce comme *t*, devant une voyelle ou une *h* muette, *grand homme*, on prononce comme s'il y avait *grant homme*.

*Gn* au milieu d'un mot se prononce comme dans *ignorance, magnanime*.

*T* ne se prononce pas à la fin de ces mots, *respect, aspect*, même quand le mot suivant commence par une voyelle ou une *h* muette : ainsi prononcez *respect humain*, comme s'il y avait *respec humain*.

## DES SUBSTANTIFS COMPOSÉS.

*Règle générale.* Dans les substantifs composés, il n'y a que le substantif et l'adjectif qui puissent prendre la marque du pluriel ; tout autre mot, verbe, adverbe, préposition, reste invariables ; ainsi :

1° Quand le substantif composé est formé d'un verbe et d'un adverbe ou d'une préposition, aucune des parties ne prend la marque du pluriel, exemple : un *passe-partout*, des *passe-partout*.

2° Quand un substantif est composé d'un substantif et d'un adjectif, le substantif et l'adjectif prennent tous deux la marque du pluriel. Exemple : un *arc-boutant*, des *arcs-boutants*; un *beau-père*, des *beaux-pères*.

3° Il en est de même, quand le substantif composé est formé de deux substantifs : un *chef-lieu*, des *chefs-lieux*; un *chien-loup*, des *chiens-loups*.

4° Mais si le substantif composé est formé de deux substantifs unis par une préposition, on ne met la marque du pluriel qu'au premier des deux substantifs. Exemple, un *chef-d'œuvre*, des *chefs-d'œuvre*; un *arc-en-ciel*, des *arcs-en-ciel*.

5° Quand il est composé d'une préposition, ou d'un adverbe, ou d'un verbe et d'un substantif, le substantif seul prend la marque du pluriel. Exemple : un *avant train*, des *avant-trains*; un *garde-fou*, des *garde-fous*.

Cependant on dit, des *gagne-pain*, c'est-à-dire des outils pour gagner le *pain*; des *contre-poison*, des remèdes contre le *poison*; parce que le sens veut qu'on laisse le substantif au singulier, comme il exige qu'il soit au pluriel dans un *couvre-pieds* (ce qui couvre les pieds), un *essuie-mains* (un linge pour essuyer les mains).

### SUBSTANTIFS COLLECTIFS.

Les substantifs collectifs sont *généraux* ou *partitifs*.

Les substantifs collectifs *généraux* expriment la collection entière; ils sont précédés de l'article *le*, *la*, *les*. La foule *des humains*, la multitude *des étoiles*.

Les collectifs *partitifs* expriment une partie de la collection; ils sont précédés des adjectifs numéraux, *un*, *une*; comme, une foule *d'hommes*, une multitude *d'étoiles*. Cependant le mot *la plupart*, quoique précédé de l'article *la*, est un collectif partitif.

*Règle.* Les collectifs partitifs, suivis d'un substantif au pluriel, veulent le verbe et l'adjectif au pluriel.

Exemples. *Une foule d'hommes* manquent *d'instruction. La plupart des enfants* sont légers.

Les adverbes de quantité, *beaucoup de*, *peu de*, suivent la même règle.

Exemple. *Peu d'enfants* sont attentifs.

*Remarque.* Dans le sens partitif, on met *de*, et non pas *des*, devant un adjectif. Exemples : *j'ai lu de bons livres*, et non pas *des* bons livres: *j'ai vu de belles maisons*, et non pas *des* belles maisons. Le sens est partitif dans ces phrases, parce qu'on sous-entend le mot partie; en effet, *je n'ai pas lu tous les bons livres; je n'ai pas vu toutes les belles maisons* : j'ai lu une *partie* des livres qui sont bons, j'ai vu une *partie* des maisons qui sont belles.

## ADJECTIFS.

1° On dit une *demi-heure*, une *demi-livre*; ce mot *demi* ne change pas quand il est devant le substantif; mais dites : une heure et *demie*, une livre et *demie*, trois heures et *demie* : quand le mot *demi* est après le substantif, il en prend le genre, mais il n'en prend pas le nombre.

2° On dit aussi *nu-pieds*, *excepté* mes livres. Les adjectifs *nu*, *excepté* ne s'accordent pas, quand ils sont devant le substantif; mais ils s'accordent, quand ils sont après : pieds *nus*, mes livres *exceptés*.

3° *Cent* au pluriel et *vingt* dans quatre-*vingt*, prennent une *s*, quand ils ne sont pas suivis d'un autre adjectif de nombre. Exemples : deux *cents* hommes, quatre-*vingts* volumes

Pour la date des années, on écrit *mil*. Exemple : *l'hiver fut très-rigoureux en* mil *sept cent neuf*; partout ailleurs on écrit *mille*, qui ne prend jamais *s*; *deux* mille *hommes*.

*Neuf* se prononce devant une voyelle comme *neuv*. Exemple : *il y a neuf ans*; prononcez *neuv ans*.

4° On met l'article au lieu de l'adjectif possessif, *son*, *sa*, *ses*, *leur*, *leurs*, ayant rapport à un substantif de choses, et on place le pronom *en* devant le verbe, toutes les fois que l'emploi de ce pronom peut avoir lieu. Ainsi au lieu de dire *Paris est beau, j'admire ses bâtiments*; dites *Paris est beau, j'en admire les bâtiments*.

Mais on dit bien, *la Seine a sa source en Bourgogne*, car on ne pourrait pas ici faire usage du pronom *en*.

Par la même raison, on peut se servir de l'adjectif possessif *son*, *sa*, *ses*, *leur*, *leurs*, ayant rapport à un substantif de choses, quand cet adjectif est régime d'une préposition. Exemple : *Paris est beau, j'admire la grandeur de ses bâtiments.*

5° *Tout*, mis pour *quelque*, *quoique*, *entièrement*, est adverbe, et ne change point de nombre devant un adjectif masculin. Ainsi dites : *les enfants,* tout *aimables qu'ils sont, ne laissent pas d'avoir bien des défauts.*

*Tout* ne change ni de genre ni de nombre devant un adjectif féminin qui commence par une voyelle ou une *h* muette. Ainsi dites : *ces images,* tout *amusantes qu'elles sont, ne me plaisent pas.*

Mais si l'adjectif féminin commence par une consonne ou une *h* aspirée, on met *toute*, *toutes*. Exemple : *Ces images,* toutes *belles qu'elles sont, ne me plaisent pas.*

6° Lorsque *même* est joint à un verbe, ou placé après plusieurs substantifs, il est adverbe, et ne s'accorde pas. Exemples : *Ses souliers, ses habits* même *sont couverts de poussière; nous n'irons pas à Paris, nous n'avons pas* même *envie d'y aller.*

7° *Quelque.... que* s'emploie de cette manière : s'il y a un adjectif entre *quelque* et *que*, alors *quelque* ne prend jamais *s* à la fin.

EXEMPLE : *Les rois* quelque *puissants qu'ils soient ne doivent pas oublier qu'ils sont hommes.*

Si entre *quelque* et *que*, il y a un substantif seul ou accompagné d'un adjectif, alors on met *quelque* au même nombre que le substantif.

EXEMPLES : Quelques *richesses* que *vous ayez, vous ne devez pas vous enorgueillir;* quelques *grandes richesses* que *vous ayez,* etc.

Si *quel....* que est immédiatement suivi d'un verbe, alors, il faut écrire en deux mots séparés *quel* ou *quelle* que, *quels* ou *quelles* que.

EXEMPLE : Quelle *que soit votre force*, quelles *que soient vos richesses, vous ne devez pas vous enorgueillir; votre puissance* quelle *qu'elle soit ne vous donne pas le droit de mépriser les autres.*

---

### PRONOMS.

1° *V*ous, employé pour *tu*, veut le verbe au pluriel; mais l'adjectif suivant reste au singulier.

EXEMPLE : *Mon fils, vous serez estimé si vous êtes sage.*

2° *Le, la, les* sont quelquefois pronoms, et quelquefois ils sont articles : l'article est toujours suivi d'un substantif; *le* frère, *la* sœur, *les* hommes : au lieu que le pronom est toujours joint à un verbe, comme *je* le *connais, je* la *respecte, je* les *estime.*

Le pronom *le* ne prend ni genre, ni nombre, quand il tient la place d'un adjectif ou d'un verbe. Par exemple, si l'on disait à une femme, *madame, êtes-vous malade?* il faudrait qu'elle répondît : *oui, je* le *suis*, et non pas *je* la *suis*, parce que *le* se rapporte à l'adjectif *malade*. *On doit s'accommoder à l'humeur des autres autant qu'on* le *peut :* je mets *le*, parce qu'il se rapporte au verbe *s'accommoder.*

3° En parlant des personnes, n'employez le pronom *soi* qu'après un sujet vague et indéterminé, comme *on, chacun, personne, ce,* ou après un infinitif.

EXEMPLES. *On ne doit jamais parler de* soi.

*Chacun songe à* soi.

*N'aimer que* soi, *c'est être mauvais citoyen.*

4° *Qui* relatif est toujours de la même personne et du même nombre que son *antécédent.* Ainsi il faut dire : *moi* qui *ai vu, vous* qui *avez vu, nous* qui *avons vu,* etc.

5° *Qui,* précédé d'une préposition, ne se dit jamais des choses, mais seulement des personnes. Ainsi ne dites pas : *les sciences* à qui *je m'applique,* mais *auxquelles je m'applique.*

6° *Ce* devant le verbe *être* veut ce verbe au singulier, excepté quand il est suivi de la troisième personne du pluriel. On dit : *c'est moi, c'est toi, c'est lui, c'est nous, c'est vous qui*; mais il faut dire : ce sont *eux,* ce sont *elles,* ce sont *vos ancêtres qui ont bâti cette maison.*

7° *Celui-ci, celui-là,* s'emploient de cette manière : *celui-ci* pour la personne dont on a parlé en dernier lieu ; *celui-là,* pour la personne dont on a parlé en premier lieu. Exemple : *Les deux philosophes, Héraclite et Démocrite, étaient d'un caractère bien différent :* celui-ci (Démocrite) *riait toujours;* celui-là (Héraclite) *pleurait sans cesse.*

*Ceci* désigne une chose plus proche, *cela* désigne une chose plus éloignée. Exemple : *Je n'aime pas* ceci, *donnez-moi* cela.

8° Le mot *personne* employé comme *pronom* est du masculin ; on dit : *je ne connais* personne *plus heureux que lui.* Mais *personne* employé comme *substantif* est du féminin : *cette* personne *est très-heureuse.*

On ne dit plus, *un chacun, un quelqu'un.*

## REMARQUES SUR LES VERBES.

I. Le sujet, soit substantif, soit pronom, se place après le verbe : 1° quand on interroge. Exemples : *que penseront de vous les* honnêtes gens, *si vous n'êtes pas sage? Irai-je? Viendras-tu? Est-il arrivé?*

Quand le verbe qui précède *il, elle, on,* finit par une voyelle, on ajoute un *t* devant *il, elle, on.* Exemple : *Appelle-t-il? Viendra-t-elle? Aime-t-on les paresseux?*

L'usage ne permet pas toujours cette manière d'interroger, à la première personne, parce que la prononciation en serait rude et désagréable. Ne dites pas : *Cours-je? Mens-je? Dors-je? Sors-je?* etc. Il faut prendre un autre tour, et dire : *Est-ce que je cours? Est-ce que je mens? Est-ce que je dors?*

2° Le sujet se met encore après le verbe quand on rapporte les paroles de quelqu'un. Exemple. *Je me croirai heureux, disait un bon roi, quand je ferai le bonheur de mes sujets.*

3° Après *tel, ainsi.* Exemple : *Tel était* son avis; *ainsi mourut* cet homme.

4° Après les verbes impersonnels. Exemple : *Il est arrivé* un grand malheur.

II. Il faut dire : *C'est en Dieu* que *nous devons mettre notre espérance*, et non pas, *c'est en Dieu en qui*; *c'est à vous* que *je veux parler*, et non pas, *c'est à vous à qui*; *c'est à Paris* que *nous allons*, et non pas, *c'est à Paris où nous allons;* parce que le même verbe ne doit pas avoir deux régimes indirects, quand un seul suffit.

Si l'on disait : *c'est en Dieu en qui*, etc., *c'est à vous à qui*, etc., le pronom relatif *qui* tiendrait la place de son antécédent *Dieu*, dans la première phrase, et de son antécédent *vous*, dans la seconde; alors ce serait comme si l'on disait : *c'est en Dieu en Dieu nous devons*, etc. *C'est à vous à vous je veux parler*. De même dans, *c'est à Paris où nous allons*, l'adverbe *où* marque le lieu déjà indiqué par le mot *Paris*, c'est comme si l'on disait, *c'est à Paris à Paris nous allons*; cette phrase n'est donc pas française.

Par la même raison, il ne faut pas dire : *c'est de nous dont on parle*, mais *c'est de nous que l'on parle*.

III. Un substantif peut être régi par deux verbes ou par deux adjectifs à la fois, pourvu que ces verbes ou ces adjectifs ne veuillent pas un régime différent (1).

EXEMPLES. *Cet officier attaqua et prit la ville.*
*Cet homme est utile et cher à sa famille.*
*On le voit tous les jours aller et travailler à la campagne.*

Mais on ne peut pas dire, *cet officier attaqua et se rendit maître de la ville*, parce que le verbe *attaquer* ne peut régir *de la ville*; on ne peut pas dire, *cet homme est utile et chéri de sa famille*, parce que l'adjectif *utile* ne peut régir *de sa famille*; on ne dira pas non plus, *on le voit tous les jours aller et revenir de la campagne*, parce que le verbe *aller* ne peut pas régir *de la campagne*; il faut dire, *on le voit tous les jours aller à la campagne et en revenir*.

IV. On ne doit se servir du passé *défini* qu'en

---

(1) Il faut considérer comme régimes différents, les *régimes indirects* qui ne sont pas marqués par la même préposition ; par exemple : *à la campagne, de la campagne*.

parlant d'un temps absolument écoulé, et dont il ne reste plus rien. Ainsi ne dites pas, *j'étudiai aujourd'hui, cette semaine, cette année*, parce que le jour, la semaine, l'année, ne sont pas encore passés : ne dites pas non plus, j'étudiai *ce matin*; il faut pour le passé défini, qu'il y ait l'intervalle d'un jour; mais on dit bien j'étudiai *hier, la semaine dernière, l'an passé*, etc.

Le passé *indéfini* s'emploie indifféremment pour un temps passé, soit qu'il en reste encore une partie à écouler, ou non. On dit bien : j'ai étudié *ce matin*, j'ai étudié *hier*, j'ai étudié *cette semaine*, j'ai étudié *la semaine passée*, etc.

V. A quel temps du subjonctif faut-il mettre le verbe qui suit la conjonction *que*, quand elle régit ce mode?

*Première règle.* Quand le premier verbe est au *présent* ou au *futur*, mettez au présent du subjonctif le second verbe qui est après *que*.

### EXEMPLES.

Il faut. . . . . }
Il faudra. . . . } *que vous* soyez *plus attentif.*

*Deuxième règle.* Quand le premier verbe est à l'un des *passés*, mettez le second verbe à l'imparfait du subjonctif.

### EXEMPLES.

Il fallait. . . . }
Il fallut. . . . }
Il a fallu. . . } *que vous* fussiez *plus attentif.*
Il eût fallu. . }
Il aurait fallu. }

## REMARQUES SUR LES ADVERBES.

1° *Plus* et *davantage* ne s'emploient pas toujours l'un pour l'autre, *davantage* ne peut être suivi de la préposition *de*, ni de la conjonction *que*. On ne dit pas, *il a davantage de brillant que de solide*, mais *plus de brillant*; on ne dit pas, *il se fie davantage à ses lumières qu'à celles des autres*; mais *il se fie plus à ses lumières*.

*Davantage* ne peut s'employer que comme adverbe. Exemple : *La science est estimable, mais la vertu l'est bien* davantage.

2° Ne dites pas, *mettez cela* DESSUS *la table*; DESSOUS *le lit*, DEDANS *le pupître*; dites, SUR *la table*, SOUS *le lit*, DANS *le pupître*.

Ne dites pas, *ôtez cela* DE SUR *la table*; dites *ôtez cela* DE DESSUS *la table*, DE DESSOUS *le lit*, DE DEDANS *le pupître*.

---

## REMARQUES SUR LES PRÉPOSITIONS.

1° Ne confondez pas *autour* et *alentour*; *autour* est une préposition, et elle est toujours suivie d'un régime : *autour d'un trône*. *Alentour* n'est qu'un adverbe, et il n'a point de régime; *il était sur son trône, et ses fils étaient* alentour.

2° Ne confondez pas *avant* et *auparavant*; *avant* est une préposition, et elle est suivie d'un régime; *avant l'âge, avant le temps*. *Auparavant* n'est qu'un adverbe, et il n'a point de régime; *ne partez pas sitôt, venez me voir* auparavant.

3° *Au travers* est suivi de la préposition *de* : *au travers des ennemis*; *à travers* n'en est pas suivi; on dit : *à travers les ennemis*.

4° Ne confondez pas la préposition *près de* qui signifie *sur le point de*, et l'adjectif *prêt à*, qui signifie *disposé à*. On ne dit point, *il est prêt à tomber*; mais, *il est près de tomber*.

5° Ne confondez pas *à la campagne* et *en campagne*; ce dernier ne se dit que du mouvement des troupes : *l'armée est en campagne*; il signifie aussi *être en voyage, hors de chez soi pour affaires*. Exemple : *Son commis voyageur est* en campagne *depuis un an*.

*Être à la campagne* signifie être à la maison des champs, au village. *J'ai passé l'été à la campagne*.

### CONJONCTIONS.

Quand il y a comparaison, il ne faut pas se servir de la conjonction *comme*, à la place de la conjonction *que*. Ne dites pas, *je suis aussi fort* comme *lui*; dites, *je suis aussi fort* que *lui*.

### LOCUTIONS QUI NE SONT PAS FRANÇAISES.

| *Il ne faut pas dire :* | *Il faut dire :* |
|---|---|
| Allez vous changer. | Allez changer de vêtements. |
| Autant comme moi. | Autant que moi. |
| *Un* caneçon. | *Un* caleçon. |
| *Une* casterole. | *Une* casserole. |
| *De la* castonade. | *De la* cassonade. |
| C'est eux. | Ce sont eux. |
| Cette pomme à l'air bonne. | Cette pomme paraît bonne. |
| *Un* colidor. | *Un* corridor. |
| Conséquent. Il a des propriétés conséquentes. | Il a des propriétés considérables. |

| Il ne faut pas dire ; | Il faut dire : |
|---|---|
| Il a rempli son but. | Il a atteint son but. |
| Il ne décesse de jouer. | Il ne cesse de jouer. |
| *Une* incendie. | *Un* incendie. |
| Je m'en rappelle. | Je me le rappelle. |
| Je me rappelle de cette affaire. | Je me rappelle cette affaire. |
| Je vais promener. | Je vais me promener. |
| Je vous ai fixé long-temps, avant de vous reconnaître. | Je vous ai regardé long-temps, avant de vous reconnaître. |
| Je vous demande excuse. | Je vous fais mes excuses. |
| J'y vas, je m'en y vas. | J'y vais. |
| La semaine qui vient. | La semaine prochaine. |
| L'idée lui a pris. | L'idée lui est venue. |
| Malgré que. | Quoique. |
| Marronner. | Marmonner. |
| On demande après vous. | On vous demande. |
| Deux siaux d'eau. | Deux seaux d'eau. |
| Tant pire. | Tant pis. |
| Un petit peu. | Un peu. |
| Je vous observe qu'il pleut. | Je vous fais observer qu'il pleut. |

On écrit *août*, *mi-août*, et l'on prononce *oû*, *mi-oû*.

# CHAPITRE XI.

### DE L'ORTHOGRAPHE.

L'ORTHOGRAPHE est la manière d'écrire correctement tous les mots d'une langue.

## ORTHOGRAPHE DES SUBSTANTIFS.

1° La première lettre des substantifs propres doit être une lettre capitale : *Pierre*, *Paris*, *Charles*, *Jacques*.

2° Il faut mettre la lettre *m*, et non la lettre *n*, devant B, P, M. Ainsi écrivez *embarquer*, *embarras*, *ambition*, *impôt*, *simple*, *impatient*, *ampoule*, *emmener*, etc., et non pas, *enbarquer*, *enbarras*, etc.

3° Quoiqu'on écrive *honneur* avec deux *nn*, il n'y en a qu'une dans *honorer*, *honorable*.

4° On écrit avec *mp*, *compte*, *compter*, pour signifier *calculer* ; avec *m* seulement *comte*, *comté*, titre, dignité, avec une *n*, *conte*, histoire fabuleuse, *conter*, signifiant *raconter*.

5° On écrit avec *mp*, *champ*, pour signifier *terre*, surface de terrain, et avec *nt*, *chant*, pour signifier l'action de *chanter*.

6° On écrit ainsi *faim*, besoin de manger; et *fin*, le terme où finit une chose; *la mort est la fin de la vie*.

### Mots en *ace* et en *asse*.

On écrit ainsi par *ce*, *glace besace*, *grimace*, *espace*, *place*, *race*, *grâce*, etc.

Et par *sse*, *terrasse*, *basse*, *grasse*; tous les imparfaits du subjonctif de la première conjugaison : *que j'aimasse*, *que j'appelasse*, etc.

### Mots en *ance* et en *ence*.

On écrit par *a* les mots suivants : *abondance*, *constance*, *vigilance*, *distance*, etc.

Et par *e*, *prudence*, *conscience*, *absence*, *clé-*

mence, *éloquence*, etc. (On suit à cet égard l'orthographe latine.)

### Mots en *ece* et en *esse*.

On écrit ainsi par *ce*, *nièce*, *pièce*, et par *sse*, *adresse*, *paresse*, etc.

### Mots en *ice* et en *isse*.

On écrit ainsi par *ce*, *calice*, *office*, *artifice*, *précipice*, *édifice*, etc.

Et par *sse*, *écrevisse*, *réglisse*, *jaunisse*; tous les imparfaits du subjonctif de la deuxième et de la quatrième conjugaison, *que je finisse*, *que je rendisse*.

### Mots en *sion*, *tion*, *ction*, *xion*.

On écrit par *s*, *appréhension*, *dimension*, *pension*, *convulsion*, *ascension*, etc. Et par *t*, *attention*, *condition*, *agitation*, *discrétion*, etc. Prononcez *attencion*, *condicion*, etc.

*Remarque.* T conserve sa prononciation dans les mots où il est précédé d'une *s* ou d'une *x*; *question*, *indigestion*, *mixtion*.

On écrit par *x*, *fluxion*, *réflexion*, *complexion*, *génuflexion*, etc.; et par *ct*, *action*, *distinction*, *séduction*, *prédilection*, etc.

(Ces observations ne peuvent être réduites en règles générales; la lecture, le dictionnaire et l'usage doivent seuls en tenir lieu.)

## ORTHOGRAPHE DES VERBES.

Pour les terminaisons de chaque temps, voyez les quatre conjugaisons.

1° Les secondes personnes plurielles ont ordinairement un *z* à la fin : *vous aimez, vous finissiez, vous recevrez, que vous rendiez.*

2° Les troisièmes personnes plurielles se terminent toujours en *ent* : *ils aiment, ils finissaient, ils recevaient, qu'ils rendent.* Au futur elles se terminent en *ont* : *ils aimeront, ils finiront, ils recevront, ils rendront.*

3° Dans la première conjugaison seulement, le futur est en *erai*, et le conditionnel en *erais*; ainsi on écrit *j'aimerai, je garderais.*

Mais il faut écrire, *je recevrai, je recevrais, je rendrai, je rendrais,* et non pas *je receverai, je renderai,* parce que les verbes *recevoir, rendre,* ne sont pas de la première conjugaison.

Dans les verbes de la première conjugaison en *ier, yer, éer,* comme *prier, payer, créer,* les terminaisons du futur et du conditionnel sont aussi en *erai, erais,* quoique la prononciation de l'*e* muet se fasse peu sentir : ainsi on doit écrire *je prierai, je paierai, je créerai,* et non pas *je prirai, je pairai, je crérai.*

---

PRONOMS, ADVERBES ET AUTRES MOTS.

*Leur* ne prend jamais *s* à la fin, quand il est joint à un verbe; alors il signifie *à eux, à elles* : *Ces enfants ont été sages, je leur donnerai un prix.*

*Leur,* suivi d'un substantif pluriel, prend *s* : alors il signifie *d'eux, d'elles* : *Un père aime ses enfants, mais il n'aime pas leurs défauts.*

On ne met point d'accent sur *o* dans *notre, votre,* adjectifs possessifs : *votre père, notre maison;* mais on met un accent circonflexe sur *ô* dans *le nôtre, le vôtre, la nôtre, la vôtre,* pronoms possessifs. Exemple : *Mon livre est plus beau* que le vôtre.

On met un accent grave sur *là* adverbe de lieu : *allez là*; on n'en met point sur *la* article: la *mère*, ni sur le pronom féminin *la* : *je* la *connais*.

On met un accent grave sur *où* adverbe de lieu : *où allez-vous*.

On n'en met point sur *ou* conjonction : *c'est vous ou moi*.

On met un accent grave sur *à* préposition : *je vais à Paris*.

On n'en met point sur *a*, troisième personne du verbe *avoir* : *il a de l'esprit*.

On met un accent circonflexe sur *dû*, participe du verbe *devoir*, mais seulement au masculin singulier : *rendez à chacun ce qui lui est dû*; on n'en met point sur *du* article, *la lumière du soleil*.

On met un accent circonflexe sur *â* de *âme* (Académie, 1835.)

## De l'Apostrophe.

L'*apostrophe* (') marque le retranchement d'une de ces trois lettres, *a*, *e*, *i*.

*a*, *e*, suivis d'une voyelle ou d'une *h* muette, se retranchent dans *le, la, je, me, te, se, de, ne, que, ce*.

*Le*, on dit : *l'ami, l'enfant, l'instinct, l'oiseau, l'univers, l'honneur,* pour *le enfant*, etc.

*La*, on dit : *l'abeille, l'épée, l'intention, l'oisiveté,* pour *la abeille, la épée*, etc.

*Je*, on dit : *j'apprends, j'étudie, j'honore, j'oublie*, etc., pour *je apprends*, etc.

*Me*, on dit : *vous m'aimez, vous m'estimez, vous m'instruisez,* pour *vous me aimez*; etc.

*Te*, on dit : *je t'avertis, je t'ennuie, je t'invite,* etc., pour *je te avertis*, etc.

*Se*, on dit : *il s'amuse, il s'ennuie, il s'instruit, il s'occupe*, pour *se amuse*, etc.

*De*, on dit : beaucoup *d'apparence, d'ignorance, d'orgueil*, pour *de apparence*, etc.

*Ne*, on dit : *je n'aime pas, je n'estime pas, il n'obéit pas*, pour *ne aime*, etc.

*Que*, on dit : *qu'avez-vous fait? qu'importe?* pour *que avez-vous fait?* etc.

*Ce*, on dit : *c'est la vérité*, pour *ce est*, etc.

*Quelque* perd *e* devant *un, autre*, quelqu'*un*, quelqu'*autre*.

*Entre* perd *e* devant un mot commençant par une voyelle et avec lequel il ne forme qu'un mot. Exemple : *Entr'ouvrir, sentr'égorger*. On écrit *entre eux, entre elles, entre autres.* (Académie, 1835.)

*Jusque*, perd *e* devant *à, au, aux, ici : jusqu'à Paris, jusqu'au ciel, jusqu'ici.*

*E* se retranche encore dans *grand'mère, grand'-tante, grand'messe*.

*I* se retranche dans le mot *si*, devant *il, ils : s'il arrive, s'ils viennent.*

## Du Trait-d'union.

Le *trait-d'union* (-) se met entre les verbes et *je, moi, tu, nous, vous, il, ils, elle, elles, le, la, les, lui, leur, y, en, on,* quand ces mots sont placés après le verbe.

Exemples. *Irai-je? viens-tu? donnez-lui; achèvera-t-il? viendra-t-elle? a-t-on fait? prenez-en, va-t'en,* etc. On écrit ainsi, *qu'est-ce que?*

On joint par un trait-d'union les mots *ci* et *là* aux mots avec lesquels ils ne forment qu'un sens :

*celui-ci, celui-là, cet homme-ci, cette femme-là, là-haut, là-bas.*

On met encore le trait-d'union après le mot *très*: *très-bien, très-sage*, et entre deux mots tellement joints ensemble qu'ils n'en font plus qu'un : *chef-d'œuvre, courte-pointe, avant-coureur.*

### Du Tréma.

Le tréma (¨). On appelle ainsi deux points placés sur les voyelles *e, i, u*, quand ces lettres doivent être prononcées séparément de la voyelle qui précède, comme *naïf, Saül*, etc. (1)

On écrit *poésie, poëte, poëme* (Académie 1835.) (2).

### De la Cédille.

La cédille (ç). On appelle ainsi une petite figure qu'on met sous le *c* devant *a, o, u*, pour avertir qu'il doit avoir le son de *s*, comme dans *façon, leçon, façade, reçu.*

### De la Parenthèse.

On appelle ainsi deux crochets ( ) dans lesquels on renferme quelques mots détachés. Exemples : *Celui qui évite d'apprendre (dit le sage) tombera dans le mal.*

---

(1) On met le tréma sur l'*e* muet, et non pas sur l'*u* des mots suivants : *aiguë, ambiguë, il arguë, bisaiguë, ciguë, contiguë, exiguë*, afin qu'on ne prononce pas ces mots comme ceux-ci : *langue, harangue, fatigue*, etc.

(2) Beaucoup de grammairiens préfèrent *poète, poème.*

## DE LA PONCTUATION.

I. La virgule ( , ) sert à séparer :

1° Les substantifs, les pronoms, etc. sujets du même verbe. Exemple : *La candeur, la docilité, la simplicité, sont les vertus de l'enfance.*

2° Les adjectifs ou les verbes se rapportant au même sujet. Exemple : *La charité est douce, patiente, bienfaisante.*

3° Les substantifs, les pronoms, etc., régimes directs où régimes indirects du même verbe : *nous avons acheté des couteaux, des ciseaux,* etc.

*Remarque.* On ne met pas de virgule si deux sujets, deux adjectifs, deux verbes ou deux régimes sont joints immédiatement par l'une des conjonctions *et, ni, ou.*

4° On sépare par une virgule les propositions de peu d'étendue, et formant chacune un sens complet. Exemple : *Je l'appelle, il accourt.*

5° On met encore la virgule pour remplacer un verbe sous-entendu. Exemple : *On a toujours raison,* le destin, *toujours tort.* C'est-à-dire *le destin a,* etc.

6° On met entre deux virgules les parties d'une phrase qui pourraient être retranchées, sans que cette suppression altérât le sens de la proposition qui resterait. Exemple : *Le temps,* qui était beau hier, *est mauvais aujourd'hui.*

II. Le point-virgule ( ; ) se met :

1° Entre les propositions d'une certaine étendue et liées par le sens. Exemple : *La douceur est, à la vérité, une vertu ; mais elle ne doit pas dégénérer en faiblesse.*

2° Entre les parties semblables d'une même phrase, quand ces parties sont elles-mêmes déjà subdivisées par la virgule. Exemple : *Vante-t-on dans un poëte la vigueur de l'âme, les sentiments sublimes, c'est Corneille; la sensibilité du cœur, le style tendre et harmonieux, c'est Racine; la molle facilité, la négligence aimable, c'est Lafontaine.*

III. Les deux points ( : ) marquent un plus grand repos que le point-virgule. Ils se mettent :

1° Après une phrase finie, mais suivie d'une autre qui sert à l'étendre ou à l'éclaircir. Exemple : *Il ne faut jamais se moquer des misérables : car qui peut s'assurer d'être toujours heureux.*

2° Après une phrase qui annonce qu'on rapporte les paroles de quelqu'un, ou qu'on va faire une énumération. Exemples : *Pythagore a dit : Mon ami est un autre moi-même.*

*On demande quatre choses à une femme : que la vertu habite dans son cœur, que la modestie brille sur son front, que la douceur découle de ses lèvres, et que le travail occupe ses mains.*

IV. Le point ( . ) se met à la fin des phrases, quand le sens est entièrement fini. Exemple : *Le mensonge est le plus bas de tous les vices.*

V. Le point interrogatif ( ? ) se met à la fin des phrases qui expriment une interrogation. Exemple : *Quoi de plus beau que la vertu ?*

VI. Le point d'admiration ( ! ) se met après les interjections, et après les phrases qui expriment l'admiration, la surprise, la terreur, la pitié. Exemples : *Qu'il est doux de servir le Seigneur ! Qu'il est glorieux de mourir pour son roi !*

FIN.

# *H* ASPIRÉE.

## MOTS LES PLUS USITÉS.

| | | | |
|---|---|---|---|
| hableur. | harangue. | hâvre-sac. | hors. |
| hache. | haras. | hennir. | hotte (la). |
| hagard. | harasser. | hérault. | houblon. |
| haie. | harceler. | hère. | houe. |
| haillon. | hardes. | hérisser. | houille. |
| haine. | hardi. | hernie. | houle. |
| haineux. | hareng. | héron. | houlette. |
| haïr. | hargneux. | héros. | houppe. |
| haire (la). | haricot | herse. | houppelande. |
| halage. | haridelle. | hêtre. | houspiller. |
| hâle (le). | harnais. | heurter. | housse. |
| hâler. | harpe. | hibou. | houssine. |
| haleter. | harper. | hideux. | houx. |
| halle (la). | harpon. | hie. | hoyau. |
| hallebarde. | harpie. | hiérarchie. | huche. |
| hallier. | hart. | hisser. | huer. |
| haloir. | hasard. | hobereau. | huguenot. |
| halte. | hâse. | hochepot. | huit. |
| hamac. | hâte. | hocher. | huitaine. |
| hameau. | se hâter. | hochet. | huitième. |
| hampe. | hâtif. | hochequeue. | hune. |
| hanche. | haubans. | Hollande. | huppe. |
| hangar. | haubert. | homard. | hure. |
| hanse. | hausser. | Hongrie. | hurler. |
| hanter. | hauteur. | honnir. | hussard. |
| hanneton. | haut. | honte. | hutte. |
| happe. | hâve. | hoquet. | enhardir. |
| happer. | hautain. | horde. | enharnacher. |
| haquenée. | hautbois. | horion. | |
| baquet. | hâvre. | hormis. | |

# TABLE DE MULTIPLICATION.

| 1 | 2 | 3 | 4 | 5 | 6 | 7 | 8 | 9 | 10 | 11 | 12 |
|---|---|---|---|---|---|---|---|---|---|---|---|
| 2 | 4 | 6 | 8 | 10 | 12 | 14 | 16 | 18 | 20 | 22 | 24 |
| 3 | 6 | 9 | 12 | 15 | 18 | 21 | 24 | 27 | 30 | 33 | 36 |
| 4 | 8 | 12 | 16 | 20 | 24 | 28 | 32 | 36 | 40 | 44 | 48 |
| 5 | 10 | 15 | 20 | 25 | 30 | 35 | 40 | 45 | 50 | 55 | 60 |
| 6 | 12 | 18 | 24 | 30 | 36 | 42 | 48 | 54 | 60 | 66 | 72 |
| 7 | 14 | 21 | 28 | 35 | 42 | 49 | 56 | 63 | 70 | 77 | 84 |
| 8 | 16 | 24 | 32 | 40 | 48 | 56 | 64 | 72 | 80 | 88 | 96 |
| 9 | 18 | 27 | 36 | 45 | 54 | 63 | 72 | 81 | 90 | 99 | 108 |
| 10 | 20 | 30 | 40 | 50 | 60 | 70 | 80 | 90 | 100 | 110 | 120 |
| 11 | 22 | 33 | 44 | 55 | 66 | 77 | 88 | 99 | 110 | 121 | 132 |
| 12 | 24 | 36 | 48 | 60 | 72 | 84 | 96 | 108 | 120 | 132 | 144 |

## VALEUR DES CENTIMES EN SOUS.

| 5 centimes font...... | 1 sou. | 55 centimes font.... | 11 |
| 10 .................... | 2 sous. | 60 ................... | 12 |
| 15 .................... | 3 | 65 ................... | 13 |
| 20 .................... | 4 | 70 ................... | 14 |
| 25 .................... | 5 | 75 ................... | 15 |
| 30 .................... | 6 | 80 ................... | 16 |
| 35 .................... | 7 | 85 ................... | 17 |
| 40 .................... | 8 | 90 ................... | 18 |
| 45 .................... | 9 | 95 ................... | 19 |
| 50 .................... | 10 sous. | 1 fr. ou 100 cent. font 20 sous. | |

## MESURES.

1 mètre vaut... 3 p. métriques. | 1 toise métrique vaut 2 mètres.
2 mètres valent 1 toise métriq. | 1 pied mét. vaut 1/3 du mètre.

## POIDS.

1 kilograme vaut 2 livres métr. | 1 livre métrique vaut 1/2 kilogr.
5 hectogr. ou 1/2 k. valent 1 liv. | 2 livres mét. valent 1 kilogr.